꿈을 만드세요

꿈을 만드세요

하지영 시집

ㅎ

문화발전소

서시

바슐라르처럼
질베르 뒤랑처럼
명숙明淑처럼 지영智暎처럼

내 안에 모래밭처럼 쌓여 있던 내가 바슐라르의 불의 정신분석을 읽으며 한 알 한 알 사금으로 도정되어 빛으로 나와 내 오관을 뚫고 나의 어둡던 눈이 아이처럼 해맑게 밝아지고

내 안에 알프스 산을 심던 바위는 검고 푸르죽죽했던 마음 접고 큰 바다 되어 물결 흐드러지게 노래하며 환상의 배로 나를 안더니 내 오관의 공기 구멍을 타고 생명이 넘실대는 한 방울의 생명수 물이 되고

얼마 전 내 생일 케이크 위에서 삶을 축복하며 재촉하던 세월을 채우고 가 버린 가녀린 촛불들을 돌이켜 생각나게 해 불이 되어 눈물 흘리며 달콤한 맛으로 제 몸에 스며들던 생크림은 과일 조각 같은 양분의 흙이 되고

사는 게 참 좋은 거구나 보는 게 참 좋은 거구나 정말 좋은 거구나 독서를 한다는 게 참 좋은 거구나 물과 불을 만나고 공기와 흙을 느끼니 나는 이내 하河명明 숙淑이 되고 나는 곧 하河 지智 영暎이 되고 나는 곧 질베르 뒤랑처럼 낮과 밤을 얘기하며 하얀 눈雪도 되어 보고 빨간 아궁이 잉걸불을 지피며 턱을 괴고 앉은 소년의 불이 되어 말도 해 보고

곧 바슐라르에 젖은 내 상상력과 몽상 안에서 보이는 눈의 감각대로 하얀 공기가 되어 살고 이미 큰 이미지 꽃으로 피어남을 알고

    2020년 10월 꿈을 만드는 날에
    하지영

목차

서시 ——— 4

1) 꿈을 만드세요

사랑을 뜨개질 한다 ——— 12
사랑이 물레질 꿈을 꾸어요 ——— 14
꿈을 만드세요 ——— 15
내가 나에게 ——— 16
내일이 보이지 않을 때 ——— 17
꿈꾸는 하늘 바다 ——— 18
낡은 스카프 ——— 20
실 뭉치 ——— 21
볕살처럼 숨 쉬는 새 옷 ——— 22
그대가 거기 있었다면 ——— 23
꽃 춤을 춘 사람들 ——— 24
꽃이 노래 부를 때와 눈물 흘릴 때 ——— 26
찔레꽃 ——— 28
꿈 꿈 꿈, 꿈의 엄마, 시간 시간 시간 ——— 29
자기최면 ——— 30
낯모를 손님 ——— 31
더 늦기 전에 ——— 32
태양의 하루 ——— 34

슬프지 않게 그들은 포옹했다 ——— 36
보석 눈물 ——— 37

2) 행복의 비빔밥

우산 일곱 개 ——— 40
불빛 같은 생명 ——— 42
불빛이 흔든 바람 ——— 44
오늘과 내일이라는 굴레 ——— 45
공동체 생활을 잘 하는 과일 ——— 46
새가 된 물고기 ——— 48
아지랑이 그리움 ——— 49
가난한 꽃 한 떨기 ——— 50
내려놓음 ——— 51
우리는 빨랫줄에 앉은 바람이다 ——— 52
행복의 비빔밥 1 ——— 54
행복의 비빔밥 2 ——— 56
낡은 구두이고 싶다 ——— 58
그렇게 말하고 싶어서 ——— 60
별이 모르는 것을 바람은 알고 있었을까 ——— 62
동갑 ——— 63
깍지벌레 ——— 64

꿈속의 꿈 —— 66
내 심장 속 그리운 방 —— 68
쪽파와 파전 —— 70
도리도리 둥둥 —— 72
들꽃 향기 선물 —— 74
또 말하고 또 보고 싶어 —— 76

3) 계획하지 않은 길

구운 달 —— 78
분수의 눈물 —— 80
별빛 햇빛 달빛 —— 81
함박눈 내리던 날 —— 82
낙엽은 나무의 비듬 —— 84
차창에 매달린 빗방울 —— 85
둥근 밤 —— 86
경주 오릉 숲 속에서 1 —— 87
경주 오릉 숲 속에서 2 —— 88
폭우도 함께 울기 위해 —— 89
빗방울이 찹쌀이었다면 —— 90
비 갠 날 —— 91
계획하지 않은 길 —— 92

빛 그림 —— 94
달의 외출 —— 96
그림자의 내면 —— 97
시간의 몰락 —— 98
황금빛 노래 —— 99
내 가슴에 봄을 재운다 —— 100
거대한 기억의 힘 —— 102
또 하루를 접는다 —— 104

4) 하나님의 윙크

땅콩 —— 106
영혼이 맑은 날이 있다 —— 107
하나님의 윙크 —— 108
고뇌탈출 —— 110
마음 비우기 —— 112
힘 없는 먼지처럼 —— 113
그릇들의 행진 —— 114
하나님한테 배워서 —— 116
천상으로 올라가는 흰 구름 —— 118
새로운 세상을 꿈꾼다면 —— 119
회복 소망 —— 120
바이러스와 기도 —— 121

동반자 —— 122
비누방울과 하나님 —— 124

5) 하지영 작사집

친구여 —— 128
그대 발길 머무는 곳에 —— 129
들꽃 —— 130
미지의 세계 —— 132
여행을 떠나요 —— 134
한 지붕 세 가족 —— 135
어제 오늘 그리고 —— 136
마른 꽃 —— 138
사랑의 슬픔 —— 139
장미꽃 한 송이 —— 140
제목 없는 시 —— 142
엄마의 방 —— 144

평설
인생의 내면을 아름답게 드러내는
생동하는 시인의 의식과 이미지
심상운(시인, 문학평론가) —— 145

1 꿈을 만드세요

사랑을 뜨개질 한다

아픔 없이 사랑할 수 있을까
아픔 없이 살아갈 수 있을까

사랑만큼 외로운 게 있을까

먼저 가신 부모님도 꿈에 오셔야 겨우 보고
어린 시절 형제들도 곁에 없어

살 같은 자식들도 모두 제 짝 만나 떠나가고
부부라는 이름으로 반평생을 살아도
그 속을 다 알지 못해

새벽이슬처럼 반짝이다
해가 들면 지고 마는 풀잎의 눈물
감추고 사는 슬픔, 사랑

그래도 사랑, 사랑을 엮어
한 올 한 올 뜨개질로 짜듯 사랑을 짠다

뜨거운 한 김 쐬어 헌 실을 풀어 쓰듯

지난 낡은 시간 고통 외로움 지우고
또 새로운 시작, 그런 사랑을 짠다

사랑처럼 외로운 게 있을까, 또 있을까
아픔 없는 사랑이 있을까, 또 있을까
사랑만큼 고독한 게 또 또 있을까
쓸쓸한 게 또 있을까

그래도 사랑, 사랑을 엮어
한 올 한 올 뜨개질로 짜듯 사랑을 짠다.

사랑이 물레질 꿈을 꾸어요

사랑이 물레질 꿈을 꿀 때
햇빛이 노래 불러요
물레질을 하는 여인처럼
미움을 자아내서 꽃 사랑을 뽑아내는
내가 될 수 있다면
기꺼이 잡다한 상념들 털어내고
귀한 시간 물레질하여
꿈을 낚아 보겠어요
고달픈 삶 안아보겠어요
사랑이 물레질 꿈을 꾸어요

꿈을 만드세요

꿈을 꾸세요
몸과 마음 지쳐 있을 때

꿈을 만나세요
꿈을 만드세요

어느덧 세월이 흐르고
푸르고 하얗던 마음 정열로 불태워

새 희망 사라진 채
나이 들고 늙어갈 때
꿈을 꾸세요

꿈을 만나세요
꿈을 만드세요

빨갛게 타오르는 태양처럼
당신의 아침은 싱그러워요

꿈은 새 달력 꿈은 새 계절
꿈을 꾸세요
꿈을 만나세요

꿈을 만드세요

내가 나에게

한 사람이 다른 사람을 품는 그릇 이고 싶은
맑은 시 한 수 쓰는 정결한 나무처럼

죽었다가 부활하세요
지는 게 이기는 거랍니다
지는 훈련을 많이 하세요

자신만이 헤쳐 갈 수 있는 자신만의 길이라는 것
그 말을 전하고 싶습니다

내가 나에게
한 사람의 역할을
부여합니다

내일이 보이지 않을 때

그리움 없으면 꿈도 없어
그리움 없이 살 수 있나
꿈 없애면 호흡도 없어
꿈 없이 살 수 있나

돌담 집을 빚으며 외로운 날
꿈을 빚어 주는 날

꽃피는 정원도 즐거움도
모를 때는
순간만 붙드는 날

내일이 보이지 않을 때
힘에 겨워 슬픔의 무덤에 잠길 때
돌 문 열고 나온 뒤에는 사랑

그리움 없으면 사랑도 없어
사랑 없이 살 수 있나
사랑 없애면 호흡도 없어
호흡 없이 살 수 있나

산다는 건 그리움으로 숨 쉬는 거
집 한 채 지어 놓고 푸른 홍역 마칠 때 숨을 쉬는 거
1분 1초 그리워하며 호흡하는 거

꿈꾸는 하늘 바다

넓고 푸른 이미지를 갖고
같은 색상으로 그려지면서도
위아래 경계선 사이에서
너무 다른 서로를 꿈꾸는 하늘 바다
한 인생을 꿈도 없이
잠만 자다 간 한 사람을 기억합니다

헛헛한 허공을 허공답게 만드는
고요한 바다에 맑은 구름 흐르듯
천 개 만개의 얼굴을 끌어안으며
할 일이 너무 많아 세상 명예를 다
안고 살아가는 또 한 사람을 압니다

두 사람은 텅 빈 하늘에 부부라는 인연을 맺고
한 세상을 어떻게 살았을지
꿈꾸는 하늘 바다를 떠올리게 합니다.

한 사람이 떠나면 그리움만 남기고
발끝에 동동거리던 세월은 모두 사라져 가요
그대여 보내는 이를 향한 눈 젖은 물기 지우고

아름답게 사모했던 시간들만 기억하세요
하늘같이 넓고 바다같이 깊은 그 심연에

앙상한 바람 같은 인연도
하늘과 바다에 풍덩 묻어 버릴 순 없어요

낡은 스카프

당신의 스카프를 주세요 내 사랑을 드릴게요
당신을 감싸는 그 스카프 당신의
온 향기가 배어 있는 그 스카프

언젠가 새로 생긴 스카프 때문에
장롱 속에 깊이 파묻혀 숨도 못 쉬고
예전에 곱던 빛깔 어디로 가고 향기마저 퇴색된
세월 지나 유행 지나 얼굴 한 번 못 든 낡은 스카프

찢긴 상처 구멍 난 흔적도 아랑곳하지 않고
목에 둘리며 내게 사랑받던
그 스카프를 간직하고 있어요
그 스카프를 드릴까요?
오늘 외출할 때 서랍 속에 있더군요
당신의 오래된 체취 그 스카프를
목에 감았어요
빛바랜 고개 숙인 스카프의 추억들
숨 쉬던 장소들의 사라져 간 공기
돌아왔어요 모두
잊고 싶은 어둠의 서랍 속 버리고 오세요
새롭게 목에 걸어 새롭게 숨 쉬게 할게요
당신의 스카프를 돌려주세요

낡고 바랬어도 버릴 수가 없네요

실 뭉치

새벽빛이 떠오를 때

뜨개질 실 뭉치처럼 곱게 곱게
차곡차곡 감긴 채
어떤 모습으로 다시 태어나길
기다리던 실오라기 하나

미래를 점치며 상상하던 어린 날
동심의 노래가
저만치, 아련히, 그립다
실오라기 풀어지던 하루
노을 속으로 걸어 들어가는 황혼

동심을 끌어낸다

볕살처럼 숨 쉬는 새 옷

바람이 잦아들면
새 옷 입고 떠나보세요

새 꿈을 꾸기 위한 날갯짓
나무도 제 비듬을 털고
가을이면 옷을 갈아입어요

내년을 기약한다면
꼭 새 옷을 갈아입어요
다이아몬드 같은 새 옷

발걸음 채 머물지 못하고
한 세월 시간 따라
볕살처럼 숨 쉬는 생명들
길 헤매며 꽃 찾아 마음 찾아
두 주먹 꼭 쥐고

머물지 못할 곳에 주저앉지 말아요

영혼의 멋진 새 옷 갈아입고
훨훨 깃털처럼 가볍게
그대 사람들과 황홀한 소풍 봄나들이해요

그대가 거기 있었다면

그대가 거기 있었다면
샘물처럼 강처럼
사랑이 흘렀겠네
그 사랑 바다 되었겠네

찬바람도 비껴가는
계절 문턱에
턱 고이고 앉아
보여주고 싶은
어린 시절의 추억
애기 보따리를 풀어놓고
아우라 붙잡기 주고받는
보배로운 향기로

그대가 거기 살았다면
봄볕 따듯한 그늘로
사랑을 채웠겠네
그 사랑 술래 되었겠네

꽃 춤을 춘 사람들

예쁜 꽃들이 꽃 바다를 이루었다

바이올린의 현을 타고 꽃잎들이
송알송알 피어나더니
예쁘게 태어나 예쁘게 자라나
어른이 된 고사리 손으로
신의 소리를 자아내
너의 바이올린 무반주 연주회는
마스크로 입을 가리더라도
꼭 듣고 싶었다고 함께
은혜로운 꽃술이 되어준 많은 사람들
더욱 더 빛이 났다

코로나로 거리 두기 관객들
멈추지 않는 박수가 우레처럼 퍼져
그칠 줄을 모르는 감동이 꽃 숨을 쉬고
손끝마다 발끝마다 꽃 춤을 추었다

너의 연주에 꽃 춤을 춘 사람들

너의 무대 뒤 exercise

너의 눈물 어린 practice

너의 인고의 시간으로

예쁜 꽃들이 꽃 바다를 이루었다

*딸 이현애 바이올리니스트 독주회. 금호아트홀 연세,
 2020년 7월30일.

꽃이 노래 부를 때와 눈물 흘릴 때

수많은 꽃들의 노래를 들어 보았다 어떤 꽃은 노래를 감추고 눈물을 먼저 보일 때도 있었다 바구니에 담긴 꽃들은 절망을 먼저 배우곤 했다 그들의 푸른 피는 멈추어 돌지 못하고 푸르른 가위질에 허공에 비명 소리부터 쳐올렸을지도 모른다

길을 걷다가 아무도 관심 주지 않는 곳에 덩그러니 피어난 아주 작고도 작은 꽃이라는 이름도 얻지 못한 풀꽃을 만났다 그들을 부러워하며 한숨짓던 너무 예쁜 꽃들은 며칠도 안 되어 작별인사도 못 하고 떠나버리곤 했다

한 해 두 해 해가 갈 때마다 떠나버린 그들이 그립다 그들이 그리운 건 잔혹하게 말라버린 형체가 아직도 떠오르기 때문이다 그립다 못해 곁에 두고 보는 마른 꽃들과는 대화도 나누곤 한다

꽃 선물은 꼭 필요하기도 하고 받으면 너무 좋지만 누군가를 축하해 주기 위해 태어나기에는 너무 억울하고 슬프지 않은가 그들의 여울지는 순간의 생명이 바다 같은 사랑을 일군다

태어날 때 이미 알았는지도 몰라 사람들을 위해
살다 가는 걸 기뻐하며 꽃들은 잔잔하게 자근자근
한 노래를 부를 수 있었나 보다 빈 꽃병을 채워주
며 잠시 방문한 주인 마음에 노래를 심어주려고
이미 마음먹고 꽃다발이 되거나 꽃바구니가 되었
을 것이다 외롭거나 고독하거나 홀로이거나 다중
의 사람들에게 꽃은 꽃으로 피어난 것을 후회하지
않는다고 늘 속삭여 준다

찔레꽃

그대는 사랑받고 있어요
소중히 여겨지고 있는데
온몸 가득히 가시로 무장했네요

그대가 두려워할 것은 아무것도 없건만
가시 옷을 지어 입고
원치도 않은 찔레꽃이 되었나요

언제쯤 가시 옷을 벗을 수 있을까요
여리디 여린 연분홍 꽃 빛은 아름다운데
이 세상 향기조차 은은해서 알 수 없나요
그대는 아무 잘못이 없어요

있는 그대로 사랑하면 안 될까요
사랑받는다는 건 알고 있나요

몸에 두른 두려움 사라질 수 있다면
그저 순수한 맨얼굴로 마주 볼 수 있다면

그대 가시에 찔린 손가락에 핏물 맺힌 거
용서할 수 있어요 이해할 수 있어요

꿈 꿈 꿈, 꿈의 엄마, 시간 시간 시간

햇살이 이마에 익어 비켜 간 시간들
소용돌이로 날아가 숨어 버린
슬픔이 자아낸 드러누운 시간들

뒤돌아 그 시간을 붙잡고 일으켜
이야기 뒤엉킴 술술 풀어나갈
새로운 꿈을 꾸며
고독의 꾼이 되어 외로움 불살라
홀로 간직해 온
간직해 가야 할 시간들의 홍수

세월은 살벌해도 나는 잠잠하리
인생살이 복달쳐도 나는 조용하리

슬픔 먹고 기쁨을 사리
기쁨을 안고 모든 사랑을 살아 보리

창가에 햇살이 뜨겁게 익었다가
오늘은 시간 속에 배부르게 시원하다

머리 맑은 날만 찾아오는 꿈 꿈 꿈
꿈의 엄마,
시간 시간 시간
살아 있다

자기최면
-그대는, 그대의, 그대를, 그대가, 그대에게

그대는, 그대 자신을 이기기 위해 몸부림치네요
그대는, 그대 자신을 부정하지 말고 이기려고도 하지 말아요
그대는, 하고 싶은 일이 참 많았고 앞으로도 참 많을 거예요
그대는, 이미 알아요. 그대는 열려 있는 존재라는 걸
그대는, 정말 강해요. 절대 패배하지도 않을 거예요
그대의, 말과 행동 하나 하나 하늘과 약속해 보세요
그대의, 길은 무수히 열려 있다는 걸 알게 될 거예요
그대를, 인정하면 멈춰 있던 개념도 깨어날 텐데요
그대를, 있는 그대로 존재성에 개입하면 그대의 문이 열릴 텐데요
그대가, 그대를 인정할 때 참된 길이 보인다는 것도 느껴요
그대가, 이렇게 자기최면을 걸어야 그대의 미래가 열린답니다
그대에게, 그대 자신이 얼마나 멋진지 설명하고
그대에게, 집중하여 자신을 인정하도록 애를 써야 해요

낯모를 손님

지난밤 잠을 설쳐
새벽녘에 잠들어
두루뭉술
뒤늦은 잠을 깨는데
낯모를 손님 하나
내 집에 들어와
단잠을 청하고 있다
점점
길게 드러누워
긴 긴 잠을 바라보니

평안히
나뭇잎 그림자 하나
만들어 놓고
편히 쉬는
햇살 동그란 시간 그림자

늦잠 자던 날
나의 아침에 너를 만나
마주 보는 대낮
가슴 뛰게 희망이 솟는
햇살 그림자
살며시 창을 뚫고
길게 누운 햇살

더 늦기 전에

무엇이든 제대로 계획한 게 없어
항상 열심히 사는 모습 보이고 싶어
무작정 열심히 했지
뭣하나 큰 그림을 그리지 못했어
아직도 그렇게 살아가는 거 같아
이제야 어렴풋이 인생의 참모습을 찾아
최선을 다해 살아왔다고 생각했던 건
착각, 자존감 없는 자존심
열심히 산다는 모습을 보인 것 자체가
혼자 아픔 묻고 답하고 묻어 두는 반복
완벽하길 바라며
소외감과 고독과 거리감을 키운
방어벽을 치고 외로움에 가둔
슬픔도 감추고, 멀리 보내고, 포장하며
참 솔직하지 못했지

꽃의 메시지를 듣지 않았어
대신 시들 꽃의 메시지를 던져준 거야

산다는 건 적당히 모자라고 적당히 바보 같고

적당히 허술해야 상대방을 편하게 해 주는 거
너무 앞만 보고 열심히만 사는 게 결코 아닌 거
그게 바로 현명하고 자존감 살리는 지혜
뒤를 돌아보는 서로에게 큰 그림을 계획하는 거
이젠 천천히 살자 더 늦기 전에

태양의 하루

은물결 쏟아지는 밤에는 금물결 출렁이네

출렁이다
출렁거리다
빨갛게 꽃이 피네

은보라 금보라 훨훨 날리며
기러기 한 쌍을 가슴에 얼싸안네

밤은 말이 없고 동트는 새벽녘엔

빨간 꽃에
황금빛 금가루를 달고
날아오르네

태양의 아침은
뜨거워

태양의 하루가
열리면

우주 한 공간
눈이 부시네

사람 꽃들도 뜨겁게 피어나네

슬프지 않게 그들은 포옹했다

"아! 쟤네들 지금 너무 좋아하고 있는데
햇빛이라도 나면 어쩌지?
그럼 쟤네들은 금방 사라져 버릴 텐데?
비가 내리려나?
해가 뜨면 어쩌나?"
베란다 창밖 먼 불곡산 산골짜기에 구름들이 동동
산허리를 휘돌아 감싸 안은 아름다운 풍경
흐린 날 창가에서 넋을 놓고 바라보다
"사람들은 좋은 날만 생각하고
자기 삶에 햇빛 드는 날만 바라는데
저렇게 산과 구름은
흐림 속에서 아름다운 만남을 가꾸고 있구나
우린 왜 흐리고 슬픈 날들은 피하고만 싶을까"

솜사탕 흰구름 아기 천사들이 엄마인지
연인인지 둥글게 휜 산자락에 뱅뱅
동화 속 이야기 앙금앙금 풀어놓고 휘휘 감돌던
분홍빛 안개 능선을 감싸더니
서로 품에 안겨 하나가 되어 주르륵 눈물비를 흘리더라
그 아름답던 아기천사는 어디로 갔나
한동안 안타깝던 흐린 날 비 오는 날 산 중턱에 걸린 구름

슬프지만 슬프지 않게 그들은 포옹했다
힘들지만 힘들지 않게 그들은 사랑했다

보석 눈물

쇼 윈도우에
1캐럿 2캐럿 3캐럿
눈부시게 그 누가 매달아 놓았는지

다이아몬드인지
크리스탈인지 오팔인지
오색 찬란히 빛을 내며
이제나저제나 앞다투어
저를 데려가 줄 주인만 목이 타게 기다리네
저 총천연색 보석들
알알이 엮어 팔에도 감고
목에도 감고 손가락에도 끼고 싶어라

하늘에선 하염없이 빗물만 주룩주룩
물방울만 다닥다닥
밤새 안간힘을 다해
데려갈 주인을 기다리는 모습이라니
처연하구나 너무 짧은 환희
안타깝구나 너무 화려했던 꿈
전등불마저 꺼진 이 새벽에
1캐럿 2캐럿 3캐럿이 주르르
쇼윈도우에 미끄러지니 아까운
보석 눈물이 흘러내리네

2 행복의 비빔밥

우산 일곱 개

우산1
누구나 이 세상에 올 때
접힌 우산 하나 손에 쥐고 태어나지

우산2
살면서 펼쳐야 할 순간들이
왜 그리도 많아

우산3
내가 못 펴게 되면
누구라도 대신 펴 주었으면 좋겠어

우산4
비를 피해 줘
나를 보호해 줘
방패막이 되어 줘

우산5
내 삶에 항상 준비되어 있는 접혀진

우산6

내가 보호해 줄 그 누구라도

함께 우산 쓰고 걸어가고파

우산7

오늘 금 비가 내리네

불빛 같은 생명

이 세상엔 얼마나 많은 불빛이 있는지

그리운 님의 불빛
흐르는 눈물의 불빛
빛나다 깜박이다 사라진다

빨강 주홍 노랑의 짧은 생명 눈물이
퍼져 흐르는 앞가슴

안개 그림자로 흐르는 빗방울 창가에
따스한 부드러운 촉촉한
솜사탕 같은 불빛들

보고파도 볼 수 없는 님들이여
차가운 벽 속에 갇힌 님들이여
그대들 생명 혈액 같은 불빛들이
오늘 내리는 겨울 빗물에 녹아 흐르는구나

카페에는 한 공간 머물다 간 한바탕 웃음들이
힘을 잃어 가고 홀로 남아 바라보는 전등 불빛들

만이 차갑게 식은 나를 따스히 녹여 준다
오늘 또 이렇게 하루는 불빛 속으로 잠자러 가는데
아직도 나는 불같은 숨을 쉬고 있다

빨갛게 파랗게 노랗게 쉬는 숨

불빛이 흔든 바람

바람은 불빛을 흐렸다
불빛이 바람 앞에 겸손하지 못해서
불과 빛
프로메테우스
삶이 상징처럼 불빛을 입고
세상에 하나의 촛불이 되었는데
불은 빛을 잃고 가뭇없이
바람 앞에 사라져 간다
바람 큰바람 거센 바람 회오리바람
바라지도 않았는데 오는 바람
불빛은 눈물을 그으며
바람 앞에 흔들렸다
불빛이 흔든 바람 앞에

오늘과 내일이라는 굴레

벌써 어제가 가고 오늘입니다.
오늘은 내일을 달고 와서
내일에 가뭇없이 밀려가겠지요
내일이 바로 오늘이라는 것을 말도 못한 채

과거의 모습은 오늘 안에 있는데
오늘이 없어지고 내일이 올까요?

벌써 내일은 오늘이 되어 과거와 만나고 있는데요
숨을 쉬고 있다는 것만큼 중요한 건 없습니다.

내일 때문에 오늘 지금 이 순간
너무 뭘 갖으려고 욕심 부리지 마세요.

즐겁게 하늘을 보며 오늘을 받아들이세요.

숨이 끊어지면,
소변도 안 나오고
아무것도 계획할 수 없고 잠만 자야 한답니다.

친정어머니 시어머니
시아버지 친정아버지
지금 모두 잠만 자고 계시답니다.

공동체 생활을 잘 하는 과일

알알이 영근 포도송이
구슬땀
아무도 모르게 씨앗을 품고
동글동글
한 알 한 알
저마다 씨앗을 잉태하고 자라나

사람들 입에서 내뱉어지는
그 허무한 순간을 위해
긴 긴 시간 꿈을 품고
포도알 한 개는
씨앗을 감싸며 살을 찌웁니다

맑고 투명한 속살
시큼하고 달콤한 연둣빛 햇살을 녹여
과육들을 품에 끌어안고
포도알들은 누가 뭐래도 포도송이가 됩니다
공동체 생활을 잘하는 과일

오늘 문득 나도

씨앗을 품고 자라는 포도알 하나
시큼하고 달콤한
영양분 한 방울로 살고자
누군가의 입안에서 뱉어질
씨앗들을 품고자 합니다

새가 된 물고기

하늘을 나는 물고기는 많이 보았다.
아파트 단지 피트니스 수영장에서 수영을 하면서
온갖 물고기가 천장 위 창문을 뚫고
하늘을 나는 것을 보았다.

누가 볼세라 혼자서 얼른 새처럼 날아올라 물고기를 잡았다.
오늘 잡은 물고기는 다른 날과 달리
엄청 크고 팔딱이는 기운이 가득
내 몸속으로 쏘옥 들어왔다.

나는 하늘을 날았다.

아지랑이 그리움

판에 박은 일상 나의 아지랑이
아련하게 피어오르는 나의 아지랑이

뜨겁게 달구어진 아스팔트
저 너머 사라져 간 나의 아지랑이

흙먼지 피워 올리던 낡은 운동화 코끝에 달고 살았던
미지의 꿈으로 향기롭던 아지랑이

이제는 단어조차 생소해진 고상하게 찾고픈 아지랑이

구름처럼 별처럼 하늘에 모인 성운처럼
판에 박은 일상 별 볼 일 없는 일상
말 그대로 아지랑이
잡히지 않았네 잡을 수 없네
아지랑이 떠나보낸 어린 시절 그리움

가물가물 피어 올린 나의 아지랑이

한바탕 서성거리다 시간에게 도둑맞은
어린 시절 나의 떠나보낸 아지랑이 그리움

가난한 꽃 한 떨기

돌바람에 날아가는 그림자
바람이 무거워
등을 지고 가는 나그네

끝내 노인은 그림자 따라
못내 돌바람이 되어 떠났다.

봉긋 솟은
꽃 한 떨기
돌 틈 사이에 빼꼼 드러낸 얼굴 한 가닥

제 몸에 꽃잎이 하나둘
돌바람 만날 날만 기다리누나

꽃잎이 하나도 남지 않게 되는 날
돌바람이 되어 날지도 못하리니

내려놓음

한바탕 바람 불꽃놀이
올여름은
그렇게
진을 빼고 날아갔다

사람을
믿는 건

참 … … … … … … …
       어려운   ·
             세상이다 ·
                    ·
     순수한   ·
사람은 … … … … … …
모두
내
려
놓

는

다

우리는 빨랫줄에 앉은 바람이다

바람은 마음
마음은 세월
세월은 너와 나

모두 흐른다, 하나같이 흐른다
물 흐르듯 위에서 아래로

즐겁게 행복하게 웃다가 울다가
잠시 왔다 가는 지구별
영원히 머물 수 없는 이곳

하늘에서 왔다가 흙으로
흙에서 왔다가 하늘로 흐르는
지구별에 머문 바람

우리는 빨랫줄에 앉은 바람이다
세월을 씻어 말려
시간을 곱게 다려
너와 나 마음가짐 바구니에
차곡차곡 담아야 한다

우리가 시간이다
이 세상 시간을 만드는 건 바로 너와 나 우리다
시간은 바람이다
지구별에 머문 바람

너도 빨랫줄에 널린 바람이다
나도 빨래하러 왔다가 간다

행복의 비빔밥 1

살갗 냄새가 달무리에 묻어나고
갈등도 함께 어우러지고
창밖 풍경이 손바닥만 해서
차라리 연탄구멍이 아파트 13평의 공원 놀이터였던

웃음꽃이 새가 되어 날아가
앞집 옆집 이웃집에 훨훨 타는 기름이 되고
새 아침이 되고

주름살 겹치지 않고 건강미 넘치던
시어머님 시아버님 시동생에게
뱃속에 잉태한 첫 손주와 조카를 기다리게 하며

지금은 잠실 롯데 백화점이 자리한 옛 빈 땅 공터에
매일 새벽마다 상큼한 이슬 만나러 나가서
소일거리 찾아 길러내던
시부모님의 동부콩, 깻잎, 배추, 고추, 호박, 가지 등 등
넝쿨째 내 손에 들어와 맷돌에 콩 갈아 전 부치고
사람들 초대해 나눠 먹고 싸서 주고
풍성해서 남은 수확물 다라이로 몇 가득 씻어놓고

깻잎 10장씩 빨간 실로 산만큼 묶어 놓으면
아파트 언저리 노점에 앉아 시장처럼 팔던 어머님
시장처럼 판돈으로 무얼 하시나 했더니
푼푼이 모은 돈 좋은 일에 헌금을 하시더라

더불어 나도 같이 고통은 행복의 비빔밥이 되었더라

행복의 비빔밥 2

　새벽 5시 한겨울 찬물 손빨래 아파트 마당 나무에 줄 걸어 널면
　동태처럼 빳빳해 부러질 듯 조심히 걷어다 다림질로 말리던
　추운 날 입덧 몇 달 지나 한여름 배부른 날 뱃속엔 아가가 꼬물꼬물
　석유곤로 기름 아끼려 연탄불에 쪼그리고 앉아
　아침부터 저녁까지 기름내 맡으며 지짐 부치고 나면
　아! 오금이 펴지지 않아 아기 가진 만삭 부른 배 움켜 안고
　방으로 기어 들어가 몰래 눕곤 했는데

　그래도 동네방네 내 웃음꽃이 날라 다녀
　힘든 줄도 모르고 했던 행복했던 새댁의 어린 날들
　이제는 천천 만만 배로 늘어난 행복의 비결
　잘생긴 첫아기 낳던 출산처럼
　이렇게 그리움을 추억할 수 있는 날이 올 줄이야
　행복은 앞날 모르는 현실에 최선 다하기이다
　그날 하루하루를 불평 없이 잘 살면
　세월은 연결되어 언제 어떤 축복을 어떻게 받을지 모르는 거다

고통은 행복의 비빔밥처럼 어느 날 나도 모르게 찾아와

그저 맛있게 추억하며 먹을 수 있는 재료가 될 수 있다

*지금은 그 아기가 다 커서 나처럼 아들딸 낳아 오손도손

아가의 옹알이로 행복 꽃송이를 빚어

내 핸드폰 카톡 속에 손자 손녀의 웃음소리 예쁘게 담긴 동영상을

하늘 가득 나르는 아들 며느리의 웃음 꽃잎들 나를 닮았나

새가 되어 멀리 영국에서 분당까지 훨훨 타오르며 불꽃으로 온다

행복 소리가 여기까지 날마다 날아온다.

-1983년에 쓴 노랫말 '친구여'가 지금도 불리워진다.

낡은 구두이고 싶다

처음엔 언제나 모든 게 대부분 낯설고 어색하다

새로 산 구두가 정이 들기까지는 다소 시간이 필요하다고 생각하며 새 구두를 길들일 때까지 두 발을 편하게 감싸주기를 기대하지만 마음에 드는 디자인을 택한 것조차도 후회할 때가 누구나 한 번쯤 있었을 것이다 새 구두를 신발장 속에 고이 모셔놓고 오래된 구두를 신고 외출한 어느 날 주차장에 차를 세우고 일어나 문을 닫고 한 걸음 발자국을 떼는데 갑자기 구두창이 바닥에 발바닥을 대고 할딱거린다

그런 색이 고상하고 디자인이 멋져서 아껴 신던 거라 아직도 얼굴이 젊고 예뻐서 발바닥이 닳은 줄을 전혀 모르고 오랜만에 의상에 맞춰 기분 내며 꺼내 신었던 거라 너무 놀랍고 당황스러웠다 보이는 겉모습이 다가 아니라는 걸 새삼 깨닫게 된 진실 하나

구두의 생生도 사람과 하나도 다를 바가 없구나

생각해 보니 참 나이가 오래된 구두였다 평소 구두의 고마움을 느끼지 못하다가 그 날 비로소 알았다

그린 색을 너무 좋아는 해도 예전 그 당시엔 구두로
택하긴 흔치 않은 색이라 낯설고 어색해서 한동안
신발장 안에 고이 모셔 두었던 구두였다

어느덧 세월이 흘러 이제야 편하고 친해진 듯한 데
나이 들어 제 기능을 못 해 버려질 때가 되었다니 믿
을 수가 없다 유독 그 구두는 정이 들 때로 들어버려
도저히 버릴 순 없어서 다시 신발장 안에 고이 모셔
두기로 했다

한평생 아낌 받으며 발길 닿는 곳에 생사고락을
함께 나눈 구두 수선조차 할 수 없도록 발바닥이 낡
은 구두 신발장 관 속에 편히 잠들어도 그 예쁘고 젊
은 얼굴만은 여전히 빛이 난다 낡은 발바닥을 사진
으로 찍어 그의 역사와 함께 고이 간직해 본다

내게 사랑받는 사람들도 그의 역사가 담긴 낡은
구두 하나쯤은 간직하고 살면 좋겠다

나를 사랑하는 사람에게 애정이 듬뿍 담긴 낡은 구
두이고 싶다

그렇게 말하고 싶어서

세상 속에 내려와
한줄기에 피었던
가족들
한세상에 살았던 지인들
나
이 세상에 내려와
너무도 과분하게 좋은 옷을 입었네
믿음도 불신도 모두 한세상 과정이었네
아무것도 제대로
그 무엇도 한 게 없네
준 게 나눈 게

돌아보니
가끔은 나의 공허와 허망이
그대들을 힘들게 했네
새로운 꿈을 가지고 싶어
동아줄 같은 가슴을 쓸어내렸네

마음속을 들볶는 365일
십자군 전쟁과 평화의 두 얼굴 야누스의 노예가 되어

채워도 채워도 아직도 시간이 남아 있다고

날마다 먼 훗날 그날에
잘살아왔다
그렇게 말하고 싶어서

별이 모르는 것을 바람은 알고 있었을까

별은 신을 벗어버리고 하늘로 올라가
그대의 머리를 내려다보고
그대의 어지러운 심정을 관조하고
슬픈 바람을 달래려는 듯 눈짓으로 애만 쓰다가
다시는 지상에 내려와 서 있지 못할
까만 하늘에 얼굴을 묻었네

별처럼 하늘로 오르지 않은 바람은
그 어디에서도 나와 손잡고 동행 한다네

별이 모르는 것을 바람은 알고 있었을까

바람 같은 당신 그 어디에서도
바람 같은 당신 나와 손잡고
바람 같은 당신 그 언제나 동행한다네

동갑

우리 나이에 동갑내기를 만나면
동시대를 함께 살았다는 것뿐인데도 너무 반갑다

한 시대를 함께 한 거라는 동질감이 느껴져
오래된 친구처럼 편안한 감정을 안겨주기 때문이다
뭔가 공통된 이야기를 나눌 수 있을 거라는 환상도 생기고
섬세한 감성이 발동해 그 시절을 공유하는 화두를 꺼내보기도 한다

아련히 기억 속에 잠든 옛 친구와 동일시하며
마치 동갑만이 특별히 누릴 수 있던 것인 양
아름답게 소중하게 흘러간 추억의 한 페이지를
곱게 꺼내 눈인사 마음 인사를 나누기도 한다

사실 나눈 이야기 하나도 없다 해도
단지 동갑이라는 이유로 많은 게 이해될 때도 있다

깍지벌레
-생명

깍지벌레의 생명력을 내가 어찌하리
어린잎을 잘라내며 내 가슴을 잘라낸다

며칠 전만 해도 나는 물만 먹여주고 돌아섰다
오늘 햇빛 방향을 돌려주려 화분을 돌리다가
잎새 뒤에 숙주처럼 달라붙은 흰 솜뭉치 가득
안개처럼 번진 집착과 연민의 아우성
살고자 하는 발버둥이 하얗게 거품 물고
잎새들은 초록 눈물을 머금고 고개를 숙인다

아파트 고층에서도 오래 잘 살아 준 녹보수
지난해 여행을 다녀오느라 며칠 못 봤더니
잎새에 하얀 게 잔뜩 생겨 알아보니 깍지벌레라고
오랜 치료 끝에 완치되고 소생했나 했는데
그 옆에 새로 들여온 화초가 또 나를 놀라게 했다
이번엔 여행을 다녀온 것도 아닌데 관심 있게
돌봐 달라고 화초도 소리 없는 시위를 한 거구나
약을 치고 물을 주고 닦아주며 사라져 달라고
아무리 달래고 애원해도 깍지벌레는 화를 내며
함께 계속 사이좋게 살자고 한다

미워서 싹둑 잘랐더니 가슴을 도려낸 듯 쓰라리다
깍지벌레도 어린잎도 둘 다 살아 있는 생명인데
어찌 벌레로 태어나 이런 죽음을 맞아야 하는가

그동안 몇 년석이나 깍지벌레 없이 건강하게 살아준
녹보수가 너무 고맙고 기특하기까지 하다

꿈속의 꿈

꿈속에 출현하는 장면들은 대개가 다중노출일 경우가 많다
겹치고 오버 랩 되는 사물 또는 사람 어떤 상징들

사진에 있어서 다중노출로 표현하고자 하는 나의 욕구는
어쩌면 꿈속의 꿈을 추구하고 싶은 꿈일지 모른다.

접힌 우산 속에서 우산 쓰고 걸어가는 화자들
쇠사슬과 신발을 오묘하게 겹쳐서 새로운 이미지와 생각을 담는 사유 행위
나무와 나무들의 겹침에서 우러나오는 신비스러운 새 언어들
내가 찍은 사진들의 언어다.
물론 모든 분야, 시나 가사나 소설이나 에세이나 각자의 언어가 있다.

뭐 꿈속의 꿈은 다양하다. 무궁무진하다.
이제 시작과 끝을 향한 도전일 뿐이다.
시인도 화가도 사진가도 소설가도 드라마 영화 시나리오 작가도 모두
자기성찰 내면의 드러냄을 남들과 달리 보여줘야 한다는 공통점이 있듯이
작가가 되려면 과감하고 자기감정에 솔직해야 한다.

슬픔도 기쁨도 외로움도 고통도 고난도 함께 공유할 때 공감할 수 있다.

어떤 주제로 자기만의 개념을 담아내냐 하는 것만큼 어려운 건 없다.

말하자면 꿈속의 꿈을 상상하게 해주면 어느 정도 성공이 될 것이지만

인간 사회에서 추구하는 본질적인 질문을 얼마만큼의 크기와 질서로 한 덩어리를 담아

보는 이에게 덜어내 주느냐 하는 문제인 것이다.

하지만 중요한 것은 이 모든 지식 들을 먼저 생각하면 안 된다는 것이다.

관념 또는 지식이 먼저 앞서면 작품에 생명이 덜해진다.

그저 내면의 울림에 먼저 맡겨야 한다.

그 내면의 울림이 곧 꿈속의 꿈이다.

나는 꿈속의 꿈을 계속 꾸고 싶다!

내 심장 속 그리운 방

주찬이의 옹알이가 그리운 어린이날
이제 겨우 5개월하고 열흘
주찬이의 엉덩춤과 살인미소가
흔들흔들 내 가슴을 적신다
내 심장 속에 스며든다

겨우 한 달 열흘 되었을 때 안아 보고
겨우 두 달일 때 비행기로 돌아왔다

공부가 뭐길래 보고 싶은 손주도 가슴에 두고
비행기로 다시 가지도 못하나
뒤늦은 대학원이 애처롭다

사랑한다고 예쁘다고 눈짓도 못 보여 주고
토실토실 풍만한 보드라운 아기살을
세월 건너 떠밀어 놓고 안아 보지 못하는 맘
이렇게 또 하루는 가고 말겠지

우렁찬 울음소리 그리워하며
주찬이 살인미소 방긋

내 심장 속에 그리운 방 하나 만들었다

방긋방긋 둥글게 담아 두었다가
보석 눈물 한가득 꺼내 보여줘야지
만나는 그 날 그날을 기다려야지

*2013년 5월 5일

쪽파와 파전

쪽파, 중파, 대파, 파의 종류대로 기능이 다르다 여자들은 거의 잘 아는데 남자들도 이 기능을 잘 알고 있을까? 요리사를 제외한 대부분의 남자들은 잘 모를 수 있다 마트에서 장을 봐 다가 하루 이틀 후에 파를 다듬으려 하면 벌써 시들어버려 일이 몇 배로 커진 경우를 주부들은 많이 경험했을 터

특히 쪽파는 사 온 즉시 다듬어 요리하거나 냉장고에 잘 보관하지 않으면 낭패를 보기 십상인 야채 중 하나 예전에는 겨울이면 화분에 심고 줄기를 잘라먹고 다시 솟아오르면 또 잘라 먹곤 하던 움파를 요즘은 찾아보기도 힘들다 어찌 되었건 쪽파를 다듬는 일은 야채 다듬는 일 중에서도 귀찮은 일 중에 으뜸간다 중파나 대파는 몇 줄기만 다듬으면 되니 비교적 간단하고 쉽다

맛은 파전이 최고, 다듬는 공을 들일만 하다 힘들게 다듬은 댓가에 보답이라도 하듯이 맛으로 되돌려주는 쪽파의 삶은 가히 철학적이라 할 수 있다 힘든 과정 없이 탄생할 수 없는 맛이기 때문이다

우리의 인생도 이와 같아서 대파처럼 쑹덩쑹덩 어

슥어슥 칼질해 썰어 넣은 듯 국 맛을 내는 사람이 있는가 하면 다양하게 요리해낼 수 있는 재능을 가진 쪽파 같은 감칠맛의 사람이 있다 그 재능이 시들지 않도록 재빨리 다듬어 주는 엄마를 가진 가족은 밖에 나가 활력 있는 호흡으로 재능을 발휘하라고 쪽파는 있는 힘을 다해 정성껏 요리하는 엄마에게 파전의 맛을 맛있게 제공한다

빨리 다듬어야 싱싱하게 제맛을 내어 자신의 역할을 제대로 수행하는 야채 중의 야채 쪽파를 다듬고 파전을 부치며 쪽파의 삶과 죽음 희생을 통해 인생사 사람 사는 진리 하나를 발견한다

도리도리 둥둥

별 찾아
마음의 북극성 찾아
도리도리 둥둥

발걸음 채 머물지 못하고
허공에서 둥둥

한 세월 시간 따라
셔터 음 듣는 재미로 둥둥

삼라만상 숨 쉬는 생명 들을 찰칵!
나의 안식처가 되어 준 자연을 찰칵!

나와 함께 머물다 나보다 더 오래 살아남을 것들
을 찰칵!

꽃 찾아 마음 찾아 의미를 찾아
도리도리 둥둥
어디로 찾아가야 할지 몰라 도리도리 둥둥

바람의 숨소리 찾아 등불 찾아 십자가 찾아
한 계단 한 계단을
도리도리 둥둥

난 오늘도 둥 둥 둥
시간을 만들며 시간 속에 잠긴다 꿈을 만든다

들꽃 향기 선물

나 이제 풀잎의 향기가 되리

못난 사람 용서 못해 못난 사람 되었으니
나 이제 가냘프게 속절없는 하루가 되었네
미움의 가시를 던져 버리고
못난 사람 용서하는 이 아침 산책길에는
풀잎의 향기가 사랑의 향기가 진동을 하네

보라
아주 구석진 곳에
홀로 피어
애잔한 사랑을 드러내고 있는
들꽃들의 다정한 어울림을
나 같은 사람에게도 향기를 주는

못난 사람 되지 말고
이 들꽃의 향기를 퍼담아
자루 가득
금 양동이
금 부대 속에

어깨 가득 짊어지고
내 못난 사람에게 선물하고 싶다

나 들꽃까지는 못되어도
나 이제 풀잎 향기라도 되리

또 말하고 또 보고 싶어

솔방울처럼 향기롭고 솔잎처럼 뾰족했던 시선도 가뭇없이
빛으로부터 자유로운 후미진 구석으로 잦아들고
흐느적거리는 아픈 몸짓조차 꿀물처럼 달콤한 평안의 방으로
낙엽처럼 흔들리다 하늘거리는 실바람이 되었다

그대들은 실바람 나는 아직 펑 펑 우는 풀 바람
내 마음도 나의 시간표에 마침표를 찍으며
연을 잇고 또 말하고 또 보고 싶어
그리움조차도 무감각화 되어버린 잠든 그대 님들이여
지금 여기 있다면 살아 다 못한 마음 흠뻑 나누련만
그리고

그리고

그리고
그립다고 보고 싶다고 후련하게 외쳐보련만
나를 소중히 여겨주던 그대들에게 사랑의 빚을 갚으련만
실바람처럼 존재하면서 무존재로 보이진 않고
항상 내 곁에 머무는 내 부모님들과의 떠도는 추억들
당신들의 시간을 나 '영원히 기억하리'
내 삶 속에 한 페이지

3) 계획하지 않은 길

구운 달

구운 달을 보았다
방금 까만 밤하늘에 하얗게 구운 달이 동그랗게 떠 있었다
잠깐 하늘을 놓친 눈 깜짝할 사이 어디로 갔는지
아무리 찾아도 보이지 않는다
흙구름에 싸여 달걀흰자 같던 달무리도
창밖 까망 하늘에 감쪽같이 사라진 달
흐린 구름이 까마귀처럼 맴돌긴 했어도
오팔처럼 선명하게 빛나던 구운 달
검은 구름에 블랙홀은 노트북 화면으로 들어오고
구운 달은 화이트홀로 모습을 드러내
맛있게 먹으라고 손짓하고 있다

노트북에 글을 쓰는 사이
또다시 모습을 감춘
맛있게 구워진 달
날개도 없이 날아가고
발도 달리지 않았는데 달아나 버렸다

동그란 탁자에 에어프라이어에 구운 달을 반으로 잘라
촉촉하고 탱탱한 흰자와 노른자를 까만 접시 위에 올려놓고

구운 달 한 번 하늘의 달 한 번 바라보다가
글을 쓰다 시를 쓴다,
시를 쓰다 구워진 달 그리워한다

누구를 위하여 달은 그렇게 맛있게 구워졌던가

분수의 눈물

땅으로 곤두박질치는 분수는
하늘로 다시 오르려 눈물로 내린다
허공 한 번 만져보고 눈물로 잠긴다

눈이 부시도록
온갖 노력 다했지만
텅 빈 벤치에 홀로 덩그러니 남아
허공 한 번 오르다 떨어지는
저 분수는 의미 없다고 한숨 쉬며
바라보던 청년

허겁지겁 사람들이 달려와
텅 비었던 벤치를 가득 메우니

보는 이를 시원케 하는 여름날
분수는 분수의 역할을 다하며
묵묵히 여름 잔치를 벌이고 있음을
뒤늦게 알아챈 청년

쳇바퀴 같은 오름과 내림
허공에 흩어져 부서져 내리니
온갖 노력 다한 댓가
청년 마음 어루만져 주는 분수의 눈물

별빛 햇빛 달빛

먹먹히 갈아엎은
논두렁 같은 마음에
뜨거운 바람이
햇빛을 몰고 와
가슴에 불을 지핀다

별이 뚝 뚝 이마에 내리던
긴 밤 아침
잠이 들 즈음에
붉은 노을을 벗어놓으라 한다

별빛 햇빛 싹을 틔워
등불 같은 희망을
두 손 가득 받아 들고
춤추며
노래하며 둥실
노란 달빛 같은 사랑을 재회하라 한다

함박눈 내리던 날
−설경 속 나의 고드름도

눈이 펑펑 내린 날 변두리 처마 밑에 고드름이 누렇게 주렁주렁 열려 있다
요즘 보기 힘든 굴뚝 연기가 하염없이 폴폴 하늘로 날아오르며 눈을 맞고
하얗다 못해 눈이 부신 설경에는 은빛 찬란한 사금파리가 수천 수만 개가 박혀 있다
크리스마스 엽서처럼 성스러운 그림이 되어
세상의 단내와 거짓된 역사를 몽땅 덮어 주는 포근한 솜이불이 되었다
함박 눈송이가 퍼런 눈물을 줄줄 흘리던 고드름을 싸안아 주며 이야기를 건넨다
순간의 찰나 낯선 곳에 차를 세우고 이야기를 엿듣는다
낡은 의자 하나가 내 옆에 친구 되어 함께 기대어 엿듣다가 흐물흐물 부서지고
의자 위에 소복이 쌓였던 눈꽃들도 흥청망청 잔치를 벌이다가
초라한 눈물을 허공에 활짝 던져 버리더니 뜨겁게 불꽃을 터뜨린다
처마 아래 고드름도 늦을세라 똑똑 떨어져 동그랗게 파이는 길에 태고적 환상을 터 준다

물웅덩이 길목에는 하얗디 하얀 설국이 펼쳐졌다
함박눈을 맞으며 살금살금 미끄러운 설원으로 향하는 길에 하얀 저녁밥상을 받았다
눈송이 이야기를 엿듣다가 눈밥을 배부르게 먹고 나니 나의 고드름도 시원하게 스르르
다 녹아내려 주렁주렁 꽃 눈물이 하얗게 피어 열린다

낙엽은 나무의 비듬

봄 여름 가을 동안 제 구실 다 한 잎새들의 비듬
각질처럼 떨어져서 새싹을 준비한다

긴 겨울 긴 잠, 긴 휴식이 지나면
내년 봄 새 살로 돋아 싱그런 삶 또 살겠구나

제 몸의 분신
바람결에 우수수 떨어져 발밑에 밟히지만
형형색색 단풍 꽃
제 살점 떨어지듯
너는 결코
쓸쓸해도 슬퍼하지 않아
누구에게나 사랑받았던 너

아름답게 맘껏 나부끼며 애교 부리며
내일의 싱싱한 새 삶을 기약하는
너의 갈색 비듬은 지는 모습도 아름다워

해마다 예쁜 옷 갈아입는
너에게서 내려놓음과 참 휴식을 배운다

차창에 매달린 빗방울

눈앞에 와이퍼가 빗방울을 악착같이 밀어낸다
차창 앞으로 쓰러지듯 달라붙다가 힘없이 떨어진다

단단한 와이퍼에 밀려 사라지는 빗방울들
병원에 벌써 실려 갔나?
밀리지 않은 방울들은 저렇게 제자리를 차지하고 달라붙어 있는데
와이퍼에 떠밀려 사라져가는 나의 젊음 나의 건강

적어도 병원 가는 길엔 비가 깔끔하게 멈춰줘야 하는거 아닌가
눈치 없는 와이퍼 오늘도 열심히 혼자만 수고하네

나는 아직은 차창에 매달린 빗방울 인가보다

둥근 밤

둥글게 잠 못 든 밤에는
폭우 속에 비를 맞는 꿈을 꾸고 싶다

네모지게 잠든 밤에는 생각에만 잠겨
아무 꿈도 못 꾸고

세월의 고무줄일랑
늘렸다 줄였다 줄다리기 아니던가
둥근 밤 날 새는 각이 진 날
이랬다 저랬다 규칙 같은 불규칙이

집안 정리 마음 정리
교차 되는 날에도 반복되다
사라졌다 멈추어 버리듯
흘려버린 시간들마저 움츠러들었다

돌이킬 수 없는 시간의 소용돌이
두물머리 맞대듯
세모진 통로로 빠져나가는
크게 숨을 쉬어 보고 싶은
반복되는 꿈들이
여기저기 빛나는 무의식의 언어

아직은 쓸모 있는 용솟음 한 자리

경주 오릉 숲 속에서 1

명주실처럼 휘도는 나무 사이 훈풍은
오릉으로 들어서는 숲길에 나직이 앉아
나무들의 부활을 해마다 반기었나

수액 속에 품고 숨어 대지 깊은 곳에
뿌리로 살찌운 연초록 진초록
잎새의 춤사위에 한바탕 놀고 간다.

겨울 긴 잠 깨고 봄 싹 틔운 가지마다
서로 엉켜 하늘에서 만난다 해도
햇살에 긴 그림자 저 건너 나무와 하나 되는
해 질 녘 오후보다 어이 나으리

나는 겨울잠도 못 자 보고
봄 싹도 못 틔우고
하룻밤 짧은 밤만 반복해 일어나니
너 걷지 못한 나무야 날 비웃지나 마라
너의 나이 내 알 바 아니지만
나는 그저 연필 한 자루만 같아 깎이고 또 깎이는데
너는 어이 그리 오래 살아 혁거세도 잊었느냐
뛰어넘은 시공간이 너의 뱃살에 가득하구나.

경주 오릉 숲 속에서 2

바람이 명주실처럼 나무를 휘돌아
서로의 말을 전했기 때문에
오릉 들어서는 숲길
갑자기 스산하다

신라 태고 숨소리가 윙윙
을씨년 수액 속에 핏줄기
대지 깊은 곳에 숨겨 둔 흙더미
연초록 진초록 잎새를 달고
감쪽같이 허공을 날았다.

봄싹들이 겨울 잠든 사이에
핸드백 속에 든 연필 세 자루
연필은 자꾸 늘어나
키를 줄이며 죽어 가고

경주 오릉 숲 사진 한 장 달랑 카메라에 남겼다
천년 세월을 한순간에 벌었다

살아남은 생명은 우리 곁에 늘 있었고
그 위대함을 느끼는 건
연필처럼 작은 자의 몫이다.

폭우도 함께 울기 위해

폭우의 눈물이
마른 꽃잎을 흠뻑 적셔
빛바랜 잎새도 고개를 떨구네

대롱대롱 매달린
꽃잎 하나마저 눈물이 되었네

폭우도 울고 있다는 사실을 아는가
하늘만큼 부풀어 올랐던 슬픔
슬픔이 참지 못하고 내려와
같은 슬픔을 껴안고 울고 있음을

지상 가득한 울음소리 듣고
함께 울기 위해 저리도 눈물 흘림을

빗방울이 찹쌀이었다면

메마른 아스팔트 위를
찰랑대며 매만지는 빗방울
하얀 깃털 같은
보드라운 숨결로

네가 머금은 건
하얀 찹쌀밥 같은 거

가난한 이를 향한
쫀득한 마음 풀어질 길 없어
요란하게 내리는 빗방울
점점
거친 숨결로

술렁술렁
물에 만 밥처럼
그물 수저로 한 알 한 알 걸러 내
휘휘 저어
쉽게 튀겨 내며
대지에 곤두박질하는 차량들

찹쌀밥을 빗물에 풀어
나눌 수만 있다면

비 갠 날

하늘에 해가 깨어났네
이리저리 눈을 뜬 모습으로
해가 분주하게 돌아다니니
눈이 부셔 눈을 감네

촘촘히 맑은 하늘
기나긴 홍수 비로 인해 잊었던 하늘
하늘이 열렸네
구름문을 열고
열어젖히고

내 마음도 깨어나
눈부신 마음을 다독거리네

비 갠 날
내 마음의 구름 문을 열고
하늘과 입맞춤 하네
두 눈을 꼬옥 감고 해를 가슴에 꼬옥 끌어안네

계획하지 않은 길

폭우가 몰아치던 날 버스를 타고
목적지인 줄 잘못 알고
몇 정거장을 앞에 두고 망망히 내려섰어요

목적지 정거장까지 걸어가려니
90도는 됨직한 가파른 고갯길을 넘어야 했지요
숨을 고르지도 못한 채
쏟아지는 빗속을 우산도 없이 걸어 걸어
고갯길을 등산하니 별천지가 벌어지고 있네요

목적지는 까맣게 다 잊고
너무나도 아름다운 풍경에 넋을 잃고 하늘을 바라보았어요

폭우가 내리는데 내리는 게 아니라
하늘로 치솟아 오르고 있네요
하늘에는 저 넓고 넓은 탁 트인 출구가 있었지요
빗줄기들이 내리다가 그리로
방향을 꺾어 순식간에 빛처럼 올라가네요
올라가기만 하는 게 아니라
돌아서는 순간마다 하트를 그려놓고 가고 있어요

하트도 하나가 아니라 몇 백 개 몇 천 개는 되나 봅니다

목적지인 줄 알고 버스에서 잘못 내려
내 발길로 힘들게 빗길을 걸었더니
생각지도 못한 신세계가 눈앞에 펼쳐졌어요

빛 그림

빛의 물결이
도둑처럼 슬며시
소리 없이 들어와
천장에 그림을 그렸다 지웠다지

빛의 속도가 얼마나 빠른지
빛의 그림을 지웠다 또 그렸다지

스파이더맨처럼 벽을 타고 천장에 매달려
암호 같은 빛 그림 메시지 하나 남기고
그렸다 지웠다지
지웠다 드렸다지
발 빠르게 사라져 갔다지

처음이자 마지막
다시는 그 그림을 보지 못한다지

단지 핸드폰 카메라에 잡힌
빛 그림 사진 몇 장

다시는 그 그림을 놓치지 않겠다지
그렇다지
빛의 물결이 도둑처럼 거실 천장을 방문했다가
사라졌다지 사라졌다지
영 영 가버렸다지

달의 외출

어젯밤 달의 외출을 보았다
어디론가 멀리 떠나는 것 같았다
너의 거처를 궁금하게 만들었다

오늘도 너는 시침을 떼고 있지만
떠날 채비를 하는 것 같구나
간밤에 어딜 갔다 왔는지 묻지는 않겠다
아마도 너 혼자 외로운 일기를 쓰고 왔을 것 같아

반복되는 쳇바퀴 일상
한낮의 햇살을 피하는 이별과 만남
까만 하늘 암흑 속 구름 속을 번민하다
절구로 찧은 수은등 가루를 도시에 뿌렸으니
화려한 네온사인 꺼질 줄 모르는구나
밤새 홀로 은은하게 빛나는
네가 도시의 불빛에 녹아 사라진다면
너를 감 따듯 따 내릴 순 없어

내 목숨 다한 후에도 너는 늘 똑같을 거야
낯선 우주의 밤을 기다려 너에게로 날아간다

그림자의 내면

연못 위에 누워 있는 그림자
자신의 허상을 인정하며
목메이게 실체를 그리워하다가 물속에 잠겨
거짓과 사실이 명백하게 드러나는 자기의 실체
흐른다
흔들린다
자기의 실체와
자기 안의 내적 실체인 자기의 그림자
아바타 같은, 자기 그림자의 내면
멀리 떠나지 못하고
맴돌며
곡선을 그리는 그림자로
부드럽게
그냥 그 자리에 흘러간다

결국 그림자의 내면도 실체가 된다

시간의 몰락
-팬데믹

시간이 흐르면서 사람들은 기대하였다
어제보다 모든 면에서 좋아질 줄 알았다고

남은 것들의 과거는 몰락의 시간으로
남을 것들의 하루는 시간의 몰락으로
동그라미를 그리다가 떠나가는 것과
떠나가야 할 팬데믹은 이별의 홍수 속에
멈추어 선다

슬픔을 나누지도 못한 채 누군가에겐 기억되고
누군가는 슬픔을 나누어도 가뭇없이 잊혀질지 몰라

따듯한 추모의 기도로 마음의 옷 한 벌 지어
입혀 보내는 위로의 한마디
보이지도 않는 바이러스로 함께 공존할
시간의 몰락

온전한 얼굴로 걷고 싶다

자유로운 온기로 살아남아
매일 이날을 기억할 필요가 있다
이런 상황이 왜 왔을까?
오늘 너와 내가 우리에게 말해야 한다

황금빛 노래

황금빛 금가루가
허공으로 산산이 날아오르네
하늘 높이 부서져 강물처럼 흐르다가
이리저리 바람결에 흩날려 형체조차 일그러지네

바스스 바삭 바삭

푸름이 녹슬어 빛을 잃은
잎새들의 마지막 노래

바스스 바삭 바삭
바스스 바삭 바삭

달리는 차량 바퀴에 화려한 금가루 칠해 주고
세월 껴안듯 억울하게 떠나가는 아우성

하지만 슬픈 내 마음과 달리
내년 봄을 기약하는 즐거운 노래

바스스 바스스 바삭
나도 이 세상 가는 순간에 값비싼 황금가루
휘휘 날리며
저런 아름다움 남길 수 있다면
저런 노래 부르며 갈 수 있다면

내 가슴에 봄을 재운다

파릇한 봄 노래
불러 본 지 언제였나
나는 오늘도 봄을 재운다

아장아장 살폿한 발걸음에
내 등을 밀고 토닥여도
나는 어제처럼 봄을 재운다

어깨 넘어
도둑질하듯 훔쳐본 벚꽃

꽃잎에 달린 발 동동 구르며
꽃들이 굴러간다
바퀴처럼 동그랗다

봄비에 팔랑개비 굴러가듯
바람에 굴러간 봄

신작로에 오롯이 앞다퉈
솜사탕처럼 빛을 내다가

내 가슴 위로 달려들어
내 안에서 잠을 잔다
긴 잠
일 년이 지나야 깨어나겠지

거대한 기억의 힘

출구가 없어진
기억의 창은
꿈처럼 가물가물
문 닫은 지 오래였다고
어쩌다
사각대는 까만 종이에
하얀 글씨로 밤을 새워
거대한 기억의 힘을
과시하는지

노랫말을 밤새 짓던 젊은 날
'추억의 흔적'이라 말해 주고
'꿈'이라 써주고
제목을 선물한 그때 그날들
보랏빛 전등불만
푸른 날개를 달고
잊을 수 있는 거 잊었던 거
희미하게 날다가 휘돌아 온다

사노라면

거대한 기억의 힘에
무너지고 애잔하게 쓰러져도
한 움큼 좋은 쌀 한 자루 입에 물 듯
풍성한 가을 같은 날 되어
축복의 공기를 퍼 나르는 시간

또 하루를 접는다

가로등 소리가 시끄럽게
하루를 접는다

종일 귓가에 맴도는 태양의 노래도
밤을 기다리며
굽은 어깨를 숙였다

고요해진 거리
숨죽인 흔적들
빗자루처럼 곱게 쓸어내려
머리빗은 직선의 칼날들
마음을 벤 춤사위가
가로등 소리에
떠날 준비를 마쳤나 보다

축제는 새벽

분주하게 벌어진 일들
뉴스 보도
새날은 소리 없이 비껴가는데

가로등 소리가 시끄럽게
또 하루를 접는다

4 하나님의 윙크

땅콩
-구원의 옷

땅콩도 옷을 입고 있다
속옷까지 입고 있다

세상에 모든 게
다
옷을 입고 있다

사탕도
초콜릿도
옷을 입고 있지 않은 것은
잘 팔리지도 않는다

자기를 보호해 줄 단 한 분
구원의 옷을 입혀 줄 단 한 분

하나님

영혼이 맑은 날이 있다

영혼이 맑은 날이 있다
사랑이 풍성한 날이 있다

왼쪽 귀에서는 이명耳鳴 소리 쟁쟁해도
기분이 좋은 날이 있다

그 분 때문에

이천육 년 가을에는
팔꿈치 엘보도 고쳐 주고
비염도 고쳐 주고
믿음에 간증을 얹어 주신

그 분 때문에

감사가 넘쳐난
나의 창에는 햇살이 가득
그리움 너머로
나의 생이 길어진다

그 분 때문에

영혼이 특별히 맑은 날이 있다
사랑이 특별히 풍성한 날이 있다

하나님의 윙크

깨알 쏟아지듯
비가 온다

쌀이 쏟아지듯
비가 온다

사람들은 만나*를 줍듯
고개 숙여 허리 굽혀
사랑을 주우러
교회당에 무릎 꿇고
기도를 한다
어서 달라고
안 주면 돌아선다고
하나님은 무슨 죄인가
껄껄 웃으시며
그래도 기다려본다

깨알 같은 비가
쌀알 같은 비가
아닌

보혈 같은 비가

가슴에 내리기를

그러면 주시겠다고

약속 아닌 약속 같은

하나님의 윙크

*이스라엘 민족이 모세의 인도로 애굽에서 탈출하여
가나안 땅으로 가던 도중, 광야에서 먹을 음식과
마실 물이 없어 방황하고 있을 때 여호와가
하늘에서 날마다 내려주신 기적의 음식.

고뇌苦惱 탈출

하늘 구름을 붙잡아
열심히 이야기해야 한다

하얗게 질리도록
질리다가 숨이 차오르도록
마침내 붉은 기운이 머릿속에서 빛이 나도록
실로 깊은 언어로 도달해야 한다

꽃처럼 피어나다가
후두둑 넋을 놓고 웃어제끼다가
정신 잃고 쓰러진 창백한 얼굴은 비껴가야 한다

슬프고도 하얀 여운이 잠식하는
그윽한 잠의 밀폐된 공간에
아른하도록 숨소리 들려오면
일어나야 한다

하늘 구름을 딛고 허공 속에서
춤추며 다가오는 신의 호흡을
가슴으로 맞이하며

두렁 두렁
가슴 뛰는 고뇌의 질고를
고해야 한다
그래야
그래야 산다

마음 비우기

온탕에 앉아
내 얼굴에 비 오듯이 물이 쏟아진다

내 얼굴에서 쏟아지는 물이
내 몸을 흘러내려
욕조 안 바다 가운데 다시 머문다
나도 물이고 물도 나이다

하나님의 법칙

나는 그의 존재로 빚어진
유기 물질
나는 온전히 그의 것

하나님의 메시지

내 몸을 씻은 물이
욕조 밑 하수구로 흐르니
욕조 안이 이내 빈 통이 된다

내 땀이 흐르고
나도 흘러
내 마음도 빈 통이 되었다

힘 없는 먼지처럼

펜데믹 코로나19로 알 수 없는 두려움
시간은 흐르는데 정지되고
숨은 쉬는데 멈추어 있다

나는 힘없는 먼지처럼 허공을 날고
사람들도 보이지 않는 바이러스에 힘을 잃었다

나 자신을 뛰어넘는 미지의 힘을 주시는
거대하고 위대한 신의 존재를 느낀다

나는 힘없는 먼지처럼 집 안에 앉아
보이지 않는 거대한 힘에 숙연해진다

반복되는 하루하루 나날들이 젖은 날개처럼 지쳐만 간다

나 자신을 뛰어넘는 미지의 힘을 주시는
거대하고 위내한 신의 존재를 느낀다

이런 상황이 그 분의 손안에서 잠잠히 흘러갈 것이다
하나님의 사랑과 자비와 은총을 전하고 싶다
우리의 연약함을 감싸 안아 주시고 또 도우소서!

그릇들의 행진

설거지를 한다
그릇들의 행태를 보며 새삼 놀란다

프라이팬이 반찬 접시에게 말한다
너는 나 없이는 못 살아
밥공기가 국그릇에게 말한다
내가 없이 너는 존재할 수 없지
국그릇이 밥공기에게 받아친다
내가 없이는 너는 국물 속에서 허우적거려야 할 걸

간장 종지가 말한다
우아하게 싸우지 말라고
나를 무시하면 너희들은 주인께 충성스런 맛을 제공할 수 없다고
국 끓이는 큰 솥도
찌개 끓이는 냄비도
저만치 비켜서서 묵묵히 있는데
간장 종지 목소리가 가장 크다

껍질이 벗겨진 과일들이 투명한 유리그릇 위에 가지런히 놓였다
자기의 멋스러움을 뽐내며
과일들의 속살을 드러내며

코웃음을 친다
감히 내 자태를 누가 따라와? 하며
자기 속을 드러내고 누드 웃음을 짓는다

부엌 씽크대 속에서 나와 앉은 그릇들의 행진이
어쩜 그렇게도 사람들 같은지 새삼 알았다
자기 분량만큼 시끄럽고 떠든다는 걸

속이 좁을수록 자랑할수록 예쁘다
자만할수록 자기를 드러낼수록
빨리 이빨이 빠지고 쓰레기통에 들어간다는 사실을

그릇들은 오늘도 모르고 서로 자기를 사용해 달라고 떠들기에 바쁘다

내 입 속에 음식을 퍼다 주는 수저만 조용하다
내 손바닥에 쥐어 그저 순종하고 조용하다

나도 하나님의 손에 붙들려 수저처럼 순종하며
사람들의 영혼을 떠먹이는 그런 역할을 하고 싶다

하나님한테 배워서

사랑하면 말지

사랑하면 기다리지

사랑하면

해서 안 되는 것
안되니까 해야 할 것
구분하고 구별하고 그러지 말고
그냥 품어 주지

너털너털 웃으며
그냥 받아 주지

하나님한테 배워서

그냥 거저
남에게 주어야지

사랑하면

해서 안 되는 것
안되니까 해야 할 것
구분하고 구별하고 그러지 말고
그냥 품어 주지

천상으로 올라가는 흰 구름

하늘은 청청 구름 한 점 없는데
저 먼 불곡산 자락 능선에서
하늘 위로 치솟는 한 줄기 흰 구름
구름인가 연기인가?
불은 안보이고
저만치 맑고 하얀 흰 꽃구름
하늘로 곧게 곧게 올라가는 구름 타고
승천하신 예수님이 다시 오시려나
멍하니 넋을 놓고 바라본다
뭉개 뭉개 둥실 피어오르는 저 구름의 정체는 무엇인가
소방헬기는 오질 않는다
구름도 아닌 것이
산불도 아닌 것이
하늘로 하늘로
옆으로 번지지도 않고
수직으로 높이 솟아오르는

보고 보고 또 망부석 되어 바라만 본다
천상으로 올라가는 흰 구름
베란다 창을 날아 오른 불곡산 자락

산불이 아니길 바라면서
제발 천상으로 오르는 구름이길 바라면서

새로운 세상을 꿈꾼다면

새로운 세상을 꿈꾼다면
긴 여행의 여로에서
모든 떠나감에 추모를 하세요

스쳐 간 바람 꽃향기 사람들 빗줄기 맑은 공기 풀 바람
바다 노을 눈 덮인 산 데자뷰 꽃그늘 수많은 들꽃 들풀들

새로 태어나기 위하여 모든 것의 시간은 죽습니다
아픈 과거를 추모해야 새 삶의 생명을 삽니다
무일푼으로도 새로운 세상은 열리고 새 생명이 태어납니다
그것은 기도 하나로 족하고
그리움 외로움을 아우르며 온전한 기억상실을 껴안게 됩니다

모든 떠나감에 축복의 폭죽을 터뜨려 주세요
새로운 공기 새로운 만남이 기다리고 있을 테니까요

떠난 사람들 스쳐 간 모든 상황들
어느 한 사람 누구의 탓도 아닐 테니까요

그저 이 세상은 흐르는 물로 가득할 따름입니다

회복回復 소망

끝이 없는 건 뭐가 있을까

바다 같은 이 세상에
보이지 않게 운행되는 거
영특했던 생명 들은
그 끝을 보고 있다
한 자락
끝 사랑을
갈구하며
생명의 가치를 인식하는 역사
삶에 질문 던지는 기회의 시간

알 수 있을까 알고 싶어
어디 있을까 보고 싶어
시동을 건다

우주는 운행되고
죽은 행성도 있고
죽어가는 지구별에 어지럼증이 재발하려나
코로나 회복되려나
이대로 이 땅도 끝이 오려나

눈물 기도로
회복 되려나

바이러스와 기도(祈禱)

자유롭게 숨 쉬며 마음껏 사람 만나던 날들이 그립다.
마스크 쓰고서라도 외출할 수 있는 지금의 일상이
언젠가 지금처럼 그립고 감사하는 날이 또 오면 어쩌나.
이 상황도 신의 계획안에서 이뤄지고 있다면
코로나19여! 바이러스여! 나를 기도하게 하라!
사람들이 하나님을 만나게 하라!
하나님은 영이시니 사람을 통해 일하신다.
궁극적으로는 이 모든 일이 일어나야 할 일이 일어난 거라면
예수님이 십자가에 죽으심과 부활하심처럼
모든 사람들이 그분을 믿기만 해도 기적은 일어날 것이다.
더 좋은 세상을 향해 영(靈)과 육(肉)의 강건을 위해
깨어나 일어나 날마다 시(時)마다 기도드려야 한다.
내게 주어진 시간이 무용지물 되어 사라지게 할 순 없다.
시간은 정지되지 않지만 이 세상 삶은 정지되는 순간과 마주친다.
내 생명 단축도, 내 생명 두 배로 만드는 것도 선택이다.
혹여 코로나19가 스스로 잠들어 사라져간다 해도
지금의 이날이 사라지진 않는다. 우리 영혼마저 잠들 순 없다.
벌써 가을, 한 해가 코로나와의 전쟁으로 시끄럽다.
나는 충분히 기도하고 있는가?
코로나19가 없던 세상 그 세상이 빨리 돌아오길 기도한다.

동반자

매일 반복되는 삶 속에 가슴 쓸어 당기는 인연

전혀 다른 사람과 만나
오늘도 숨을 쉬며 가족으로 산다는 것
동반자로 산다는 건
타인도 나도 아닌 서로 그대가 되어야 하는 것
우리에게 필요한 겸손과 배려는 익히고 배우는 게 아니라
함께 한 시간만큼 점.점.점 뜨거운 연민의 눈물이 몸에 배는 것

한순간에 만나서 마음 송두리 채 서로 빼앗고
마치 하나일 듯이 시작한 한 살림
살면서 서로 뭘 바랬나 뭘 얻었나 뭘 알았나 묻지도 말 것
저물 날엔 모두 버리고 가야 할 일들

서로 살아가는 진리를 터득하며 서로 밀어 주고 당겨 주는
무언無言의 사랑을 보여주는 것
사는 동안 동반자로 산다는 것 산다는 것 산다는 건
그것 하나를 위해 숱한 고통과 고독과 외로움과 눈물과 갈등을

빗자루로 세월 세월 쓸어 담아 버리는 것
 서로의 발길에 자유를 주고 함께 손잡고 가야 한다고 말하지 말 것

매일 반복되는 일상 속에서 매일 동행한다는 건
 행복하다는 단어 포장지가 필요 없고 그저 믿음과 기도로 가능한 것

비누방울과 하나님

비누방울이 목욕탕 욕조 안 바다 가운데 섬을 이루고 작은 빙산을 이루었다. 태초에 하나님 말씀으로 물과 공기와 땅과 하늘을 이루었으니 하나님 마음대로 불고 이루셨다. 주님 창조하신 이 손가락으로 비누방울을 튕겨 없애 크고 작은 섬들 가운데 우뚝 선 육지를 건드려 본다. 순식간에 형체가 무너지고 사라져 간다. 하나님이 마음만 먹으시면 지금 우린 그렇게 지상의 종말을 보게 될 것이다. 그러나 지금 나는, 하나님의 입김이 두렵지 않다. 나의 존재가 눈 녹듯이 비누방울처럼 사라져 간다 해도 하나님의 입김이 내 몸에 닿아 따스함 속에 안식을 취할 것이기 때문이다. 연약한 내 손가락에 묻어난 비누방울 거품, 마치 세상에 온갖 만연해 있는 죄의 거품처럼, 내 육신의 때를 벗기고, 나와는 아무 상관 없는 것처럼, 죽어가고 있다. 죄가 휘~휘~저을수록 나에게서 사라져 가고 있다. 우뚝 선 땅과 온갖 작고 큰 섬들이 내 주변을 떠나 나를 온전히 하나님께 내어 드린다. 이 작은 손가락이 태초의 하나님을 그리워하며, 흉내 냈기 때문이다. 그 순간 욕조 안에 알몸으로 앉아 하나님의 말씀과, 의와, 진리와 하나님의 마음을 만났다. 말씀이 육신이 되어 온전한 삶을 살다 가신 그분의 간곡한 부탁을 보았다. 비누방울처럼 산산이 부서져 태초의 세상을 만져 보았다. 설명할 수 있는 믿음의 이유, 비누방울로 때를 씻어내듯 하나님은 그분의 보혈로 원죄를 씻는다. 그 크신 사랑, 욕조 속에서도 기다려 주고 계시는 하나님. 우리의 온전한 삶을 위해 믿음을 위해.

5   하지영 작사집

친구여

꿈은 하늘에서 잠자고
추억은 구름 따라 흐르고
친구여 모습은 어딜 갔나
그리운 친구여

옛일 생각이 날 때마다
우리 잃어버린 정 찾아
친구여 꿈속에서 만날까
조용히 눈을 감네

슬픔도 기쁨도 외로움도 함께 했지
부푼 꿈을 안고 내일을 다짐하던
우리 굳센 약속 어디에

꿈은 하늘에서 잠자고
추억은 구름 따라 흐르고
친구여 모습은 어딜 갔나
그리운 친구여

*노래 조용필. 1996년 고등학교 음악1 교과서에 실린
우리나라 최초의 대중가요. 1983년 제1회 KBS 가사대상 수상.
홍콩 알란탐 '애재심추'로 번안하여 발표, 조용필 일본어로
일본에서 음반 발표, 1984년 일본 PAX MUSICA 한.중.일
아시아 평화 추구 취지 제1회 합동공연-조용필,
다니무라 신지, 알란탐. 평양 공연. 리메이크 앨범 서현

그대 발길 머무는 곳에

그대 발길이 머무는 곳에
숨결이 느껴진 곳에
내 마음 머물게 하여 주오

그대 긴 밤을 지샌 별처럼
사랑의 그림자 되어 그 곁에 살리라

(후렴)
아~ 내 곁에 있는 모든 것들이
정녕 기쁨이 되게 하여 주오
그리고 사랑의 그림자 되어
끝없이 머물게 하여 주오
한순간 스쳐 가는 그 세월을
내 곁에 머물도록 하여 주오

음 음
꿈이 꿈으로 끝나지 않을
사랑은 영원히 남아
언제나 내 곁에~~

*노래 조용필, 1987년 '노랫말 연구회' 아름다운 노랫말 수상,
리메이크 음반 박강성

들꽃

나 그대만을 위해서 피어난
저 바위틈에
한 송이 들꽃이요

돌 틈 사이 이름도 없는
들꽃처럼 핀다 해도

내 진정 그대를 위해서 살아가리라

언제나 잔잔한 호수처럼
그대는 내 가슴에 항상 머물고

수많은 꽃 중에 들꽃이 되어도 행복하리

돌 틈 사이 이름도 없는
들꽃으로 산다 해도

내 진정 그대를 위해서 살아가리라

오색의 영롱한 무지개로

그대는 내 가슴에 항상 머물고

수많은 꽃 중에 들꽃이 되어도 행복하리

*노래 조용필, 제3회 KBS 가사대상 은상(1985년), 1985년 일본어로 일본에서도 음반 발매, 리메이크 앨범 유익종

미지의 세계

이 순간을 영원히 아름다운 마음으로
미래를 만드는 우리들의 푸른 꿈

하고 싶은 이야기 노래로 만들어요
우리는 모두 다 사랑하는 친구들

하 하 하 노래를
사랑의 노래를

미지의 세계를 찾아서 떠나요
사랑의 노래를 멈추지 말아요

언제나 끝이 없어라 알 수 없는 질문과 대답
저 넓은 하늘 끝까지
우리들의 사랑을 노래해요

머물 곳을 찾아서 낯선 곳을 찾아가서
미래를 만드는 우리들의 푸른 꿈

가슴으로 느끼며 마음으로 얘기해요

우리는 노래를 사랑하는 친구들

하 하 하 노래를
사랑의 노래를

미지의 세계를 찾아서 떠나요
사랑의 노래를 멈추지 말아요

언제나 끝이 없어라 알 수 없는 질문과 대답
저 넓은 하늘 끝까지
우리들의 사랑을 노래해요

미지의 세계를 찾아서 떠나요
사랑의 노래를 멈추지 말아요

*노래 조용필, 1985년 일본어로 일본에서도 음반 발매

여행을 떠나요

푸른 언덕에 배낭을 메고
황금빛 태양 축제를 여는
광야를 향해서 계곡을 향해서

먼동이 트는 이른 아침에
도시의 소음 수많은 사람
빌딩 숲속을 벗어나 봐요

메아리 소리가 들려오는
계곡 속의 흐르는 물 찾아
그곳으로 여행을 떠나요

메아리 소리가 들려오는
계곡 속의 흐르는 물 찾아
그곳으로 여행을 떠나요

굽이 또 굽이 깊은 산중에
시원한 바람 나를 반기네
하늘을 보며 노래 부르세

메아리 소리가 들려오는
계곡 속의 흐르는 물 찾아
그곳으로 여행을 떠나요

굽이 또 굽이 깊은 산중에
시원한 바람 나를 반기네
하늘을 보며 노래 부르세

메아리 소리가 들려오는
계곡 속의 흐르는 물 찾아
그곳으로 여행을 떠나요

여행을 떠나요 즐거운 마음으로
모두 함께 떠나요

메아리 소리가 들려오는
계곡 속의 흐르는 물 찾아
그곳으로 여행을 떠나요

*노래 조용필, 2003년 중학교 음악
3 교과서에 실림. 1985년 일본어로
일본에서도 음반 발매.
리메이크 앨범 이승기

한 지붕 세 가족

슬픈 추억은 잊어요
이젠 모두 다 지난 일

저 먼바다를 향해서
우린 한배를 탓어요

사랑하는 우리들
가끔 외로워져도

새벽안개 길을 걷는
마음으로 살지요

서로 두 눈에 가득 찬
기쁨을 바라보면서

사랑에 인생을 걸고
노 저어 가지요

*MBC TV드라마 주제가
노래 딱따구리 앙상블

어제 오늘 그리고

바람 소리처럼 멀리 사라져갈 인생길
우린 무슨 사랑 어떤 사랑했나
텅 빈 가슴 속에 가득 채울 것을 찾아서
우린 정처 없이 떠나가고 있네

여기 길 떠나는 저기 방황하는 사람아
우린 모두 같이 떠나가고 있구나

끝없이 시작된 방랑 속에서 어제도
오늘도 나는 울었네
어제 우리가 찾은 것은 무엇인가
잃은 것은 무엇인가 버린 것은 무엇인가

오늘 우리가 찾은 것은 무엇인가
잃은 것은 무엇인가 남은 것은 무엇인가

어떤 날은 웃고 어떤 날은 울고 우는데
어떤 꽃은 피고 어떤 꽃은 지고 있네
오늘 찾지 못한 나의 알 수 없는 미련에
헤어날 수 없는 슬픔으로 있네

여기 길 떠나는 저기 방황하는 사람아
우린 모두 같이 떠나가고 있구나

끝없이 시작된 방랑 속에서 어제도
오늘도 나는 울었네
어제 우리가 찾은 것은 무엇인가
잃은 것은 무엇인가 버린 것은 무엇인가

오늘 우리가 찾은 것은 무엇인가
잃은 것은 무엇인가 남은 것은 무엇인가

*노래 조용필, 1985년 일본어로 일본에서도 음반 발매

마른 꽃

마음을 비우며 사랑하는 일
외롭고도 힘든 것 같아
때로는 그대와 함께 있는 게
가깝고도 왜 멀게만 느껴져

(후렴)
눈부신 삶의 희망을 바라보며
꿈을 꾸던 내가
흐린 창에 기대어
마른 꽃이 되가는
그런 슬픈 날 속에

(반복)
사랑의 아침은 눈을 감고
간절했던 사랑은 너무 짧아
가슴 아픈 현실을 서성이네
나의 방황은 멈출 수 없는 걸까

그대 사랑은 마른 꽃이었나요

*노래 박강성

사랑의 슬픔

하늘엔 흰 눈이 내리고
거리에는 오가는 사람들
무슨 생각에 걸어왔는지
알 수 없어요

달리는 창가에 흐르는
눈꽃처럼 허무한 사랑에
눈을 감으면 그대 생각에
가슴이 시려워요

(후렴)
아! 속삭이듯 다가와
나를 사랑한다고

아! 헤어지며 하는 말
나를 잊으라고

거리엔 흰 눈이 쌓이고
내 가슴엔 사랑의 슬픔이
피어나지 못할 눈꽃이 되어

빈 가슴을 적시네

거리엔 흰 눈이 쌓이고
내 가슴엔 사랑의 슬픔이
그대 가슴 안에 흩어져버린
눈꽃이 되었나요

*노래 이치현과 벗님들

장미꽃 한 송이

고운 꽃 한 송이 숨어 있었네
그대 같은 사람 보질 못했네

햇빛에 가려진 저 그늘 속에서
생명 꽃 피었네

내가 마음 바쳐 사랑할 수 있도록
그대 줄기 위에 한 몸 되어서
그대 사랑으로 피고 싶어라

내 사랑 내 사랑 받아주오
장미꽃 한 송이

수 많은 사람들 속에 있었네
보석 같은 그대 이제 만났네
햇빛에 가려진 저 그늘 속에서
생명 꽃 피었네

내가 마음 바쳐 사랑할 수 있도록
그대 줄기 위에 한 몸 되어서

그대 사랑으로 피고 싶어라

내 사랑 내 사랑 받아주오
장미꽃 한 송이

내가 마음 바쳐 사랑할 수 있도록
그대 줄기 위에 한 몸 되어서
그대 사랑으로 피고 싶어라

내 사랑 내 사랑 받아주오
장미꽃 한 송이

장미 한 송이 장미 한 송이 장미꽃 한 송이

*노래 오승근

제목 없는 시

안개 짙은 거리를 홀로
걷고 있는 이 마음
샘물처럼 솟아오르던
사랑은 어디에
우리 마지막이 된
그날 오늘도 기억하며
물결 짓는 커피잔 속에
난 눈물 흘리네
왜 모든 얘기를 나에게 했던 거야
한숨 섞인 그 음성
이제라도 나에게 찾아와
무슨 말 좀 해봐
아무런 변명도 듣지 못하고
난 이대로 너를 잊을 수 없어
걸음을 멈추어 나를 돌아봐
왜 사랑은 이렇게 허무해
제목 없는 시를 쓴 건가
그냥 우린 그렇게
강물에 뿌린 꽃씨였나
눈물만 흘리네

왜 모든 얘기를 나에게 했던 거야
바람 불면 바람에
비가 오면 빗물에
흔들려 난 어쩌면 좋아
아득한 꿈결에 너를 볼 때면
내 무거운 가슴 추억에 젖어
별들을 잠재운 어둠 속에서
난 그대를 기다리고 있네
아무런 변명도 듣지 못하고
난 이대로 너를 잊을 수 없어
걸음을 멈추어 나를 돌아봐
왜 사랑은 이렇게 허무해

*노래 손무현

엄마의 방

보석보다 더 맑고 깊은
영원한 신비로움

가슴 속 알알이 영근
행복의 씨앗이여

우울함보다 중요한
미소와 미래가

빛나는 모습으로
나를 향해 웃고 있네

흐르는 시간 속에
우리가 머무는 것도

서로가 나눈 인사도
그 모두 행복이리

태양보다 더욱 찬란한
영원한 신비로움

가슴 속 알알이 영근
진실한 사랑이여

하이얀 마음 하나로
피어난 애정은

언제나 침묵 속에서
아름답게 남아 있네

흐르는 시간 속에
우리가 머무는 것도

서로가 나눈 인사도
그 모두 사랑이리

*1986년 MBC TV드라마 주제가
 노래 정수라

〈평설〉

인생의 내면을 아름답게 드러내는 생동하는 시인의 의식과 이미지

심상운 (시인, 문학평론가)

하지영 시인의 시집 『꿈을 만드세요』에 실린 78편의 시를 읽으면서 대중가요 조용필의 「친구여」 「여행을 떠나요」 「그대 발길 머무는 곳에」 등으로 이미 가사작가歌詞作家로서 일가一家를 이룬 시인이 인생에 대한 독특한 통찰洞察에서 우러나오는 감성과 사유思惟를 현대시로 펼친다는 것에 특별한 관심을 가지게 되었다. 그리고 「서시」의 "바슐라르처럼/ 질베르 뒤랑처럼/ 명숙明淑처럼 지영智暎처럼//내 안에 모래밭처럼 쌓여 있던 내가 바슐라르의 불의 정신분석을 읽으며 한 알 한 알 사금으로 도정되어 빛으로 나와 내 오관을 뚫고 나의 어둡던 눈이 아이처럼 해맑게 밝아지고,"라는 구절에서, 20세기 프랑스의 시와 과학의 철학자 가스통 바슐라르Gaston Bachelard와 이미지와 상상력의 사회학, 신화학으로 유명한 프랑스의 질베르 뒤랑Gilbert Durand을 등장시키면서 자신이

지향하는 시의 방향을 제시한 것이 주목되었다. 프랑스 철학자 가스통 바슐라르는 『시적 순간과 형이상학적 순간』에서 자신이 인식한 시에 대해 이렇게 말하고 있다.

시詩는 순간의 형이상학이다. 하나의 짤막한 시편詩篇 속에서 시는 우주의 비전과 영혼의 비밀과 존재와 사물을 동시에 제공해야 한다. 시가 단순히 삶의 시간을 따라가기만 한다면 시는 삶만 못한 것이다. 시는 오로지 삶을 정지시키고 기쁨과 아픔의 변증법을 즉석에서 삶으로써만 삶 이상의 것이 될 수 있다. 그때서야 시는 가장 산만하고 가장 이완된 존재가 그의 통일을 획득하는 근원적 동시성同時性의 원칙이 된다. 다른 모든 형이상학적 경험들은 끝없는 서론緖論으로 준비되는 것인 데 비하여 시는 소개말과 원칙과 방법론과 증거 따위를 거부한다. 시는 의혹을 거부한다. 그것이 필요로 하는 것은 기껏해야 어떤 침묵의 서두序頭 정도이다. 우선 시는 속이 텅 빈 말을 두드리면서, 독자의 영혼 속에 사고思考나 중얼거림의 어떤 계속성을 남기게 될지도 모르는 산문散文과 서투른 멜로디를 침묵시킨다. 그리고 나서 진공眞空의 울림을 거쳐서 시는 자기의 순간을 만들어 낸다.

"하나의 짤막한 시편詩篇 속에서 시는 우주의 비전과 영혼의 비밀과 존재와 사물을 동시에 제공해야 한다."는 가스통 바슐라르의 시에 대한 인식은 현대시에서 상상력의

중요성을 일깨우는 것으로 해석된다. 그리고 관념보다는
존재와 사물을 중시하는 것으로 인식된다. 그래서 필자는
이 시집 78편의 시편들을 꼼꼼히 더듬어가며 시인이 펼치는
상상의 세계와 그것을 형상화形象化하는 언어의 이미지와
의미와 상징 속으로 들어가서 그 시적 공간을 탐색해보게
되었다. 그리고 인생의 젊은 시절 한 때 풋풋한 감성의
대중가사로 대중과 소통하고 넓은 공감의 영역을 만들어낸
여성 작사가로서의 독특한 사유와 소재가 빚어내는 시의
맛과 향기를 감지해 보기로 했다. 이런 관점에서 해설의
제목을 '인생의 내면을 아름답게 드러내는 생동하는
시인의 의식과 이미지'라고 했다.

먼저 이 시집에 수록되어 있는 시 「고뇌苦惱 탈출」을 읽고
감상해 본다. 이 시의 끝 연 "하늘 구름을 딛고 허공 속에서/
춤추며 다가오는 신의 호흡을/ 가슴으로 맞이하며/ 두렁
두렁/ 가슴 뛰는 고뇌의 질고를/ 고해야 한다/ 그래야/
그래야 산다"는 구절에는 바슐라르가 말한 우주의 비전과
영혼의 비밀과 존재가 들어있는 것 같다. 시인은 우주의
허공에서 춤추며 다가오는 신의 존재를 정신적 체험을
통해 인식한 것을 시의 언어로 형상화한 것이다. 그래서
우주적인 시적 영감을 독자들도 감지하게 된다.

하늘구름을 붙잡아
열심히 이야기해야 한다

하얗게 질리도록
질리다가 숨이 차오르도록
마침내 붉은 기운이 머릿속에서 빛이 나도록
실로 깊은 언어로 도달해야 한다

꽃처럼 피어나다가
후두둑 넋을 놓고 웃어제끼다가
정신 잃고 쓰러진 창백한 얼굴은 비껴가야 한다

슬프고도 하얀 여운이 잠식하는
그윽한 잠의 밀폐된 공간에
아른하도록 숨소리 들려오면
일어나야 한다
하늘 구름을 딛고 허공 속에서
춤추며 다가오는 신의 호흡을
가슴으로 맞이하며
두렁 두렁
가슴 뛰는 고뇌의 질고를
고해야 한다
그래야
그래야 산다
ㅡ「고뇌 탈출」 전문

「불빛 같은 생명」에서는 3연의 "빨강 주홍 노랑의 짧은

생명 눈물이"라는 구절에서 인생의 유년, 청년, 노년을
빨강, 주홍, 노랑의 색채 이미지로 표현한 것이 신선한
시적 감각으로 다가온다. 그리고 삶의 한때를 "빛나다
깜박이다 사라지는 불빛"으로 상징한 것도 참신한 이미지로
감지된다.

> 이 세상엔 얼마나 많은 불빛이 있는지// 그리운 님의 불빛/
> 흐르는 눈물의 불빛/ 빛나다 깜박이다 사라진다// 빨강
> 주홍 노랑의 짧은 생명 눈물이/ 퍼져 흐르는 앞가슴/ 안개
> 그림자로 흐르는 빗방울 창가에/ 따스한 부드러운 촉촉한/
> 솜사탕 같은 불빛들/ 보고파도 볼 수 없는 님들이여/ 차가운
> 벽 속에 갇힌 님들이여/ 그대들 생명 혈액 같은 불빛들이/
> 오늘 내리는 겨울 빗물에 녹아 흐르는구나/ 카페에는 한
> 공간 머물다 간 한바탕 웃음들이/ 힘을 잃어 가고 홀로 남아
> 바라보는 전등 불빛들/ 만이 차갑게 식은 나를 따스히 녹여
> 준다/ 오늘 또 이렇게 하루는 불빛 속으로 잠자러 가는데/
> 아직도 나는 불같은 숨을 쉬고 있다/ 빨갛게 파랗게 노랗게
> 쉬는 숨 ─「불빛 같은 생명」전문

「새가 된 물고기」에는 물고기가 하늘을 날아다닌다는
시인의 상상력이 가상현실의 시적공간을 만들어내어
독자들에게 시를 읽는 즐거움을 제공하고 있다. 그것은
고정관념의 벽을 허물고 자유로운 상상의 이미지로
시를 구성하고 있기 때문이다. 시인은 왜 하늘을 나는

물고기라는 상상을 하였을까? 자신의 내면의식 속 욕망을 하늘을 나는 물고기로 표출한 것이 아닐까 생각된다.

하늘을 나는 물고기는 많이 보았다./ 아파트 단지 피트니스 수영장에서 수영을 하면서/ 온갖 물고기가 천장 위 창문을 뚫고/ 하늘을 나는 것을 보았다.// 누가 볼세라 혼자서 얼른 새처럼 날아올라 물고기를 잡았다./ 오늘 잡은 물고기는 다른 날과 달리/ 엄청 크고 팔딱이는 기운이 가득/ 내 몸속으로 쏘옥 들어왔다// 나는 하늘을 날았다 「새가 된 물고기」전문

「아지랑이 그리움」에는 판에 박은 일상의 생활에서 벗어나서 어린 시절 "미지의 꿈으로 향기롭던 아지랑이"를 그리워하는 시인의 마음이 간절하게 드러나 있다. 이 아지랑이의 이미지는 시인의 무의식 속 꿈의 상징적 표출이라고 생각된다.

판에 박은 일상 나의 아지랑이/ 아련하게 피어오르는 나의 아지랑이/ 뜨겁게 달구어진 아스팔트/ 저 너머 사라져 간 나의 아지랑이/ 흙먼지 피워 올리던 낡은 운동화 코끝에 달고 살았던/ 미지의 꿈으로 향기롭던 아지랑이// 이제는 단어조차 생소해진 고상하게 찾고픈 아지랑이/ 구름처럼 별처럼 하늘에 모인 성운처럼/ 판에 박은 일상 별 볼 일 없는 일상 말 그대로 아지랑이/잡히지 않았네 잡을 수 없네// 아지랑이 떠나보낸 어린 시절 그리움/ 가물가물 피어 올린 나의 아지랑이/ 한바탕

서성거리다 시간에게 도둑맞은/ 어린 시절 나의 떠나보낸
아지랑이 그리움 ㅡ「아지랑이 그리움」전문

「분수의 눈물」에는 허공에 솟아오르다 지상으로 떨어져
내리는 분수를 허망하게 생각하지 않고 그것을 '분수의
역할'이라고 여기며, 분수의 존재와 그 눈물을 긍정적으로
인식하는 시인의 현실의식이 빛을 내고 있다. 그래서 허공
같은 꿈에 젖어 있는 젊은이들에게 현실에 대한 깨우침을
주는 은은한 울림의 시로 읽힌다.

땅으로 곤두박질치는 분수는/ 하늘로 다시 오르려 눈물로
내린다/ 허공 한 번 만져보고 눈물로 잠긴다//눈이 부시도록/
온갖 노력 다했지만/ 텅 빈 벤치에 홀로 덩그러니 남아/ 허공
한 번 오르다 떨어지는/ 저 분수는 의미 없다고 한숨 쉬며/
바라보던 청년// 허겁지겁 사람들이 달려와/ 텅 비었던 벤치를
가득 메우니// 보는 이를 시원케 하는 여름날/ 분수는 분수의
역할을 다하며/ 묵묵히 여름 잔치를 벌이고 있음을/ 뒤늦게
알아챈 청년// 쳇바퀴 같은 오름과 내림/ 허공에 흩어져 부서져
내리니/ 온갖 노력 다한 댓가/ 청년 마음 어루만져주는 분수의
눈물 ㅡ「분수의 눈물」전문

「공동체 생활을 잘 하는 과일」에도 시인의 현실의식이
긍정적으로 인식된다. 시인은 저마다 씨앗을 안고 한
가지에서 영글어가는 포도송이들을 공동체 생활의 모범적

존재로 인식하고 자신도 공동체 속에서 포도송이처럼
살아 갈 것을 바라고 있다. 포도송이를 공동체의 삶과
연결하는 매우 독특한 발상(發想)과 '허무의 순간을 위해 꿈을
품고 살아간다.'는 시인의 철학적 사유가 이 시를 알차게
형상화하는 바탕이 되고 있어서 거듭 음미하게 된다.

씨앗을 품고 자라는 포도 알 하나/ 시큼하고 달콤한/ 영양분 한
방울로 살고자/ 누군가의 입안에서 뱉어질/ 씨앗들을 품고자
합니다/ 알알이 영근 포도송이/ 구슬땀/ 아무도 모르게 씨앗을
품고/ 동글동글/ 한 알 한 알/ 저마다 씨앗을 잉태하고 자라나//
사람들 입에서 내뱉어지는/ 그 허무한 순간을 위해/ 긴 긴 시간
꿈을 품고/ 포도 알 한 개는/ 씨앗을 감싸며 살을 찌웁니다//
맑고 투명한 속살/ 시큼하고 달콤한 연둣빛 햇살을 녹여/
과육들을 품에 끌어안고/ 포도 알들은 누가 뭐래도 포도송이가
됩니다/ 공동체 생활을 잘하는 과일// 오늘 문득 나도/ 씨앗을
품고 자라는 포도 알 하나/ 시큼하고 달콤한/ 영양분 한 방울로
살고자/누군가의 입안에서 뱉어질/ 씨앗들을 품고자 합니다
「공동체 생활을 잘하는 과일」전문

「차창에 매달린 빗방울」에서도 순간적으로 대상을
포착하는 시인의 날카로운 시선과 시로 형상화하는
이미지의 구성이 매우 돋보인다. 시인은 어느 비오는 날
승용차를 타고 병원으로 가는데, 차창의 와이퍼가 차창에
붙은 빗방울을 악착같이 밀어내는 것을 보고 그 빗방울에

자신의 존재를 이입移入하고 있다. 이런 발상은 예사롭지 않은 시인의 시적 역량을 가늠하게 하고, 공감하게 한다.

눈앞에 와이퍼가 빗방울을 악착같이 밀어낸다/ 차창 앞으로 쓰러지듯 달라붙다가 힘없이 떨어진다// 단단한 와이퍼에 밀려 사라지는 빗방울들/ 병원에 벌써 실려 갔나?/ 밀리지 않은 방울들은 저렇게 제자리를 차지하고 달라붙어 있는데/ 와이퍼에 떠밀려 사라져가는 나의 젊음 나의 건강// 적어도 병원 가는 길엔 비가 깔끔하게 멈춰줘야 하는 거 아닌가// 눈치 없는 와이퍼 오늘도 열심히 혼자만 수고하네// 나는 아직은 차창에 매달린 빗방울 인가보다 ─「차창에 매달린 빗방울」전문

「빛 그림」에서도 순간적으로 대상을 포착하여 시로 형상화하는 시인의 시적 감각이 예사롭지 않다. 시인은 집안에 빛이 들어와 어른거리는 현상을 보고 그것을 시로 형상화하고 있다. 시인은 보통사람이 보지 못하는 것을 보고 듣지 못하는 것을 듣는 존재라고 하지만 이 시에서 의미를 초월한 사물성의 이미지를 시로 만들어낸 시인의 독특한 감각은 현대시의 새로운 영역으로 들어간다는 관점에서 높게 평가된다.

빛의 물결이/ 도둑처럼 슬며시/ 소리 없이 들어와/ 천장에 그림을 그렸다 지웠다지// 빛의 속도가 얼마나 빠른지/ 빛의 그림을 지웠다 또 그렸다지/ 스파이더맨처럼 벽을 타고 천장에

매달려/ 암호 같은 빛 그림 메시지 하나 남기고// 그렸다
지웠다지/ 지웠다 드렸다지/ 발 빠르게 사라져 갔다지//
처음이자 마지막/ 다시는 그 그림을 보지 못한다지// 단지
핸드폰 카메라에 잡힌/ 빛 그림 사진 몇 장/ 다시는 그 그림을
놓치지 않겠다지// 그렇다지/ 빛의 물결이 도둑처럼 거실 천장을
방문했다가/ 사라졌다지 사라졌다지 영 영 가버렸다지 「빛 그림」
전문

「들꽃 향기 선물」에는 자신을 성찰省察하는 시인의 마음이
풀잎의 향기를 풍기고 있다. 시인은 "미움의 가시를 던져
버리고/ 못난 사람 용서하는 이 아침 산책길에는/ 풀잎의
향기가 사랑의 향기가 진동을 하네"라고 독백하면서 "나
들꽃까지는 못되어도/ 나 이제 풀잎 향기라도 되리"라고
자신의 염원을 독자들에게 전하여 울림을 주고 있다. 이런
성찰의 시에서 중요한 것이 진정성眞情性인데 이 시는 그
진정성을 느끼게 한다.

나 이제 풀잎의 향기가 되리// 못난 사람 용서 못해 못난 사람
되었으니/ 나 이제 가냘프게 속절없는 하루가 되었네/ 마음의
가시를 던져 버리고/ 못난 사람 용서하는 이 아침 산책길에는/
풀잎의 향기가 사랑의 향기가 진동을 하네// 보라/ 아주 구석진
곳에/ 홀로 피어/ 애잔한 사랑을 드러내고 있는/ 들꽃들의
다정한 어울림을/ 나 같은 사람에게도 향기를 주는/ 못난 사람
되지 말고/ 이 들꽃의 향기를 퍼담아/ 자루 가득/ 금 양동이/

금 부대 속에/ 어깨 가득 짊어지고/ 내 못난 사람에게 선물하고
싶다// 나 들꽃까지는 못되어도/ 나 이제 풀잎 향기라도 되리
　　ㅡ「들꽃 향기 선물」전문

「황금빛 노래」는 늦가을 노란 은행잎들이 '황금빛
금가루'가 되어 포도에 떨어져 흩날리는 정경을 상상하게
한다. 시인은 그런 장면을 "달리는 차량 바퀴에 화려한
금가루 칠해 주고/ 세월 껴안듯 억울하게 떠나가는 아우성"
이라고 자신의 독특한 감각과 상상이 들어 있는 시청각의
이미지로 표현하고 있다. 그리고 "내년 봄을 기약하는
즐거운 노래"라고 하면서 이 세상 떠나가는 자신의 모습도
휘휘 날리는 황금가루 같기를 바라는 마음의 아름다움을
드러내고 있다.

황금빛 금가루가/ 허공으로 산산이 날아오르네/ 하늘 높이
부서져 강물처럼 흐르다가/ 이리저리 바람결에 흩날려 형체조차
일그러지네// 바스스 바삭 바삭// 푸름이 녹슬어 빛을 잃은/
잎새들의 마지막 노래// 바스스 바삭 바삭/ 바스스 바삭 바삭//
달리는 차량 바퀴에 화려한 금가루 칠해 주고/ 세월 껴안듯
억울하게 떠나가는 아우성// 하지만 슬픈 내 마음과 달리/
내년 봄을 기약하는 즐거운 노래// 바스스 바스스 바삭// 나도
이 세상 가는 순간에 값비싼 황금가루/ 휘휘 날리며/ 저런
아름다움 남길 수 있다면/ 저런 노래 부르며 갈 수 있다면
　　ㅡ「황금빛 노래」전문

「그림자의 내면」에는 허상과 실상에 대한 시인의
의식이 들어있어서 주목되었다. 2500년 전 그리스의
철학자 플라톤은 감각적인 것들과 이미지들은
순간적인 존재들이기 때문에 '실재성^{實在性}'이 없는
허상들이라고 하면서 실재하는 것을 이데아^{Idea}, 허상을
시뮬라크르^{Similacre}라고 했다. 그러나 현대사회에서 허상의
이미지는 실재의 반영→실재의 왜곡→이미지 자체로의
독립으로 인식되고 있다. 그래서 이 시의 끝 연 "결국
그림자의 내면도 실체가 된다"는 허상에 대한 시인의
인식이 현대적인 의미로 살아나고 있다.

연못 위에 누워 있는 그림자/ 자신의 허상을 인정하며/ 목메이게
실체를 그리워하다가 물속에 잠겨/거짓과 사실이 명백하게
드러나는 자기의 실체/ 흐른다/ 흔들린다/ 자기의 실체와/ 자기
안의 내적 실체인 자기의 그림자/ 아바타 같은, 자기 그림자의
내면/ 멀리 떠나지 못하고/ 맴돌며/ 곡선을 그리는 그림자로/
부드럽게/ 그냥 그 자리에 흘러간다// 결국 그림자의 내면도
실체가 된다 ─「그림자의 내면」 전문

「낯모를 손님」에서, 늦잠을 깬 아침나절 창문으로 들어와
길게 누운 햇빛을 보고 그 햇빛을 '낯모를 손님'이라고
인식한 시인의 감성이 참신하게 느껴진다. 그것은 시의
대상을 만나는 시인의 감각이 20세기 후반 프랑스의
철학자 질 들뢰즈$^{Gilles\ Deleuze}$가 말한 '대상과의 신선한

마주침'에 연결되기 때문이다. 질 들뢰즈는 젊은 시절에 저술한 『프루스트와 기호들』에서 작가 마르셀 프루스트의 「잃어버린 시간을 찾아서」를 해설하면서 관념과 기호와 상징에서 해방된 천진한 아이의 눈으로 보는 대상과의 '마주침'에 관해 이야기하고 있다. 그것은 인간의 진정한 경험은 마주침에 있기 때문이다.

지난밤 잠을 설쳐/ 새벽녘에 잠들어/ 두루뭉술/ 뒤늦은 잠을 깨는데/ 낯모를 손님 하나/내 집에 들어와/ 단잠을 청하고 있다/ 점점/길게 드러누워/ 긴 긴 잠을 바라보니// 평안히/ 나뭇잎 그림자 하나/ 만들어 놓고/ 편히 쉬는/ 햇살 동그란 시간 그림자// 늦잠 자던 날/ 나의 아침에 너를 만나/ 마주 보는 대낮/ 가슴 뛰게 희망이 솟는/ 햇살 그림자/ 살며시 창을 뚫고/ 길게 누운 햇살 -「낯모를 손님」 전문

이제까지 필자는 하지영 시인의 시집 『꿈을 만드세요』에 실린 78편의 시를 읽고 그 중 12편을 선정하여 나름대로의 관점에서 해설을 겸한 평설을 했다. 선정된 시편들은 이 시집을 대표하는 시라고 단정할 수는 없지만 이 시집의 중심이 되는 시편들이라고 말할 수 있다. 그것은 선정된 시편들 중에는 프랑스 철학자 가스통 바슐라르의 『시적 순간과 형이상학적 순간』이 지향하는 방향을 따르고 있는 시편들이 있으며, 질 들뢰즈가 말한 대상과의 순수한 마주침의 감각이 독자들을 한 순간 경이롭게 하는 시편들이

있기 때문이다.

  앞에서도 언급했지만 하지영 시인은 젊은 시절 조용필의 히트송 「친구여」「여행을 떠나요」「그대 발길 머무는 곳에」 등의 작사가로 유명인이 된 분이다. 필자는 그런 분이 본격적으로 현대시에 입문하여 시인으로 활동하게 된 것을 환영하며, 현대시의 광장에서 빛나는 활동을 할 것을 기대하면서 해설을 겸한 평설의 글을 맺는다.

see in 시인특선 053

하지영 시집
꿈을 만드세요

제1쇄 인쇄 2020. 11. 1
제1쇄 발행 2020. 11. 5

지은이 하지영
펴낸이 서정환
엮은이 민윤기
펴낸곳 문화발전소
서울시 종로구 삼일대로 32길 36 운현신화타워 305호
see편집국 : 서울시 종로구 종로 1가 르메이에르 종로타운 1031호
Tel 02-742-5217 Fax 02-742-5218

ISBN 979-11-87324-67-6 04810
ISBN 979-11-953101-1-1 (세트)

이 도서의 국립중앙도서관 출판예정도서목록(CIP)은
서지정보유통지원시스템 홈페이지(http://seoji.nl.go.kr)와
국가자료종합목록 구축시스템(http://kolis-net.nl.go.kr)에서
이용하실 수 있습니다. (CIP제어번호 : CIP2020043128)

값 12,000원

ⓒ 2020 하지영
PRINTED IN KOREA

*저자와의 협약에 따라 인지는 생략합니다.
*파본 및 제본이 잘못된 책은 구입서점에서 교환하여 드립니다.
*이 책은 저작권법에 의하여 보호받는 저작물이므로
 이 책의 전부 또는 일부를 재사용하려면
 반드시 문화발전소와 저자의 허락을 받아야 합니다.